● 鳥取大学CoREブックレットシリーズ No.7

Peer Self-Art therapy Studies

芸 術 養 生

ウェルビーイングなまちづくりに活かすアートシェアリング

JN091280

石田 陽介 著

表紙デザイン：加藤 咲

表紙絵画作品：森下かぐる「手慰み No.101」

伝統の「社会貢献力と地域共創の心」で紡ぐ
新しい時代の地域へ

　鳥取大学の教育と研究の力で、地域の課題を、地域とともに解決していく―先人たちが積み上げてきたこの誇るべき伝統を礎に生まれた地域価値創造研究教育機構は、「どんな地域の課題も見逃さず、どんな困った人も置いていかない地域貢献の拠点」として、ステークホルダーの皆様とともに、地域を繋ぎ、絆を紡ぐ取り組みを行っています。

　当機構が支援する多様な教育・研究や事業の成果は、研究発表や学術論文など様々な形で公開されていますが、その成果を広く皆様の地域でも有効に活用していただけるよう、より身近で手軽なブックレットの形にしてお届けいたします。

　どこにでもありそうな地域の課題を、どこにもない特別な魅力として地域の宝に昇華させていく。鳥取大学の教職員が、そこに暮らす皆様と、関係機関と、地域一体となって協働連携して取り組んだ歩みを、皆様と共有できたら幸いです。

　今に生きる私たちの試行錯誤のひとつの解が、より良い地域を目指す皆様の羅針盤となり、少し先の未来の新しい価値創造へと繋がることを心より願っています。

　　2023年3月

　　　　鳥取大学理事（地域連携担当）・副学長／
　　　　地域価値創造研究教育機構（CoRE）機構長　藪田千登世

目　次

はじめに

　「アートセラピー」や「芸術療法」という言葉を、普段の暮らしの中で耳にする機会が増えてきました。

　一言で「アートセラピー（art therapy／芸術療法）」と言っても、その芸術領域は多岐にわたっており、絵画療法・陶芸療法・コラージュ療法・音楽療法・ダンス療法・心理ドラマ・連句療法・読書療法・箱庭療法等、その道の専門家が多分野へと分れる治療方法の総称です。

　アートセラピーとは、芸術体験のもたらす癒しの作用を、近代医学のテクノロジーとして、人の心身のリハビリテーション治療へと応用した臨床技法なのです。

　現在では精神医療や心理臨床、介護福祉や学校教育の現場にて導入され、欧米を中心に世界中で百年以上に及ぶ臨床実証や理論研究が進められ、アメリカ等では大学院においてアートセラピスト（芸術療法士）養成カリキュラムが成されています。

　日本においても、日本芸術療法学会や西日本芸術療法学会、日本描画テスト・描画療法学会、日本音楽療法学会など、幾つもの学会が設立され、医療機関や大学において、アートセラピーの医学的研究の推進と臨床に携わる治療者の育成が徐々に進められている状況です。

　筆者は以前、精神疾患を持つ患者や認知症のお年寄りに対して絵画療法を行うアートセラピスト（芸術療法士／絵画療法士）として精神科総合病院に勤務し、併せて病院附属のアートセラピー美術館のキュレーションを担当していました。

　その折、毎年三万人以上の自殺者を生み続ける病的な社会状況を見ながら、精神科患者が退院後に身を寄せる地域社会が、文字通りホームタウン（安全基地）としての機能を恢復させる必要性を筆者は痛感していきました。むしろ院外においてこそセラピューティック（治療的、かつ養生的）で、健やかに暮らせる人間環境の構築が急務である現状に気付かされていったのです。

またそれは同時に、普段の暮らしからよそよそしく乖離していくようなアート体験の在り方や、多くの子どもたちに「アートコンプレックス」を孕ませる学校美術教育への疑問を深めさせもしました。

　精神科臨床を通じて、むしろ現在の地域社会が抱える人間環境としての病理の深さに気付かされていった筆者は、その処方に自らが取り組むことを決意し、大学へと転職しました。

　大学では、アートセラピーの理論と精神科臨床経験を活かし、ウェルビーイング（健康で幸福）なまちづくりに活かす処方として「ソーシャル（まちの）・アートセラピー」を新たに構想し、その実践研究活動に取り組んでいきました。

　最近、耳にすることの多くなった「ソーシャルアート」とは、現代社会の抱える課題の解決や新たな社会的価値の創造を、芸術活動を媒介としながらめざすアートプロジェクトを指します。それに対するかたちでの「コミュニティアート」とは、ひとつのまちの抱える課題の解決や地域コミュニティの新たな価値の創造を、芸術活動を媒介としながら市民やアーティスト等の協働によりめざす、地域社会におけるアート活動を指します。筆者は、精神科臨床で培った知見に基づいた「ソーシャル・アートセラピーの社会的構築化」を研究テーマに掲げてまちで実践しました。

　筆者は、本研究を始動させるにあたって、コミュニティアートを介して産官学民の協働を図りながら地域社会の芸術養生文化の構築化に取り組む実践研究事業の活動機関として、2009年にNPO「アトリエH（アッシュ）プロジェクト」を開設しました。

　これは、ホームタウンの頭文字の「H」を指しています。「アトリエ」とは本来、創造性が自由に生み出される自己実現の空間であり、なにより安心して自己表現を紡ぎだすための安息の場でありましょう。そうしたアトリエ空間のように、自身の暮らすまちが文字通り「ホームタウン／安全基地」となることで、まちそのものがおのおのパワースポットとなり、ウェルビーイングな場所となっていく仕組みづくりを、継続し

たアート活動を通して地域社会において推進するというミッションを名として掲げました。

　ソーシャル・アートセラピーとは、アートセラピー理論を礎にしたソーシャルアート・プロジェクトの継続的展開をもって、セラピューティックなソーシャル・イノベーションの仕組みづくりを図る実践活動とその研究活動を意味します。

　「アート（現在の在り方）をリハビリテーション」すること、「アートと（Lifeの関わりを）リハビリテーション」することを相乗し、「アートで（人とまちを）リハビリテーション」することが、ソーシャル・アートセラピーの掲げる主題です。

　まずアトリエHプロジェクトでは、九州大学の箱崎キャンパス移転によって著しく斜陽化が進んでいった福岡市箱崎地区の学生街において、2022年までの13年に及ぶコミュニティアートプロジェクトに取り組みました。キャンパス移転が完了する年まで、百年間以上に亘ってこの土地の中核として存在し続けてきた九州大学箱崎キャンパスを、このまちの人々と大学関係者が共に看取ることをテーマとしたアートフェスティバル「箱崎アートターミナル」を毎夏開催していきました。それらを含め、この箱崎地区においてはコミュニティアート・プログラムを150回以上に亘って開催しました。

　筆者は、精神科総合病院に勤め始めた1999年、病院附属のアートセラピー美術館においてキュレーションやミュージアム・エデュケーション（美術館教育）を担当しておりましたが、その折に、まちの臨床中核拠点として美術館に着目していきました。

　少子高齢化により人口減少が進む地域社会で、アートと医療を融合させた新たなアートセラピー・プログラムを各地の美術館が提供することで、市民の多様なウェルビーイングへとアプローチする「美術館セラピー」を二十年間に亘って構想し、筆者はその推進プロジェクトを、2022年には鳥取で始動させました。現在、美術館の社会的役割をアップデートさせるための社会実装に、産官学の協働を図り取り組んでいます。

「芸術体験は、人に何をもたらしうるのか」

　これは筆者が、精神科病院において病を抱えながら生き悩む方々のリハビリテーション治療にアートセラピストとして携わりながら、日々自問自答を繰り返していかざるをえなかった切実な問いでした。

　この問いに対して、本書では「芸術療法」「芸術養生」「ソーシャル・アートセラピー」という芸術体験における三つのアプローチの可能性を示しながら、それらを貫く鍵として「アートシェアリング」の機能性を表したいと考えます。

第1章　アートセラピー（芸術療法）とは何か

1．芸術体験による癒しとは何か

　「芸術」とは、造形美術（絵画、彫刻、建築、デザイン）、文学、音楽、演劇、舞踊、映画等、創造表現の総称であり、表現者あるいは表現物と、鑑賞者が相互に作用をしあうことで、精神的あるいは感覚的な変動を得ようとする人間固有の活動です。

　日本では明治期になって後に新たな造語として「藝術」、さらに第二次大戦後には当用漢字として「芸術」が使用されていった経緯があります。そのため、近代以前の伝統芸術を芸能や芸道と呼ぶ場合も多く、語用統一が成されていない状況にあります。

　そうした芸術体験は、古来より人の心身を癒す作用があることが知られていましが、これを近代科学のもとで精神医学や臨床心理学、教育学へと応用し、百年以上に亘り実践現場において研鑽し臨床的実証を重ねた技法が「アートセラピー（芸術療法）」なのです。

　欧米においてアートセラピー（art therapy）とは「視覚芸術」という一つの表現様式を用いた療法を指してきました。絵画や箱庭、コラージュや陶芸等、物質として目に見える造形芸術分野を指し示し、ダンスや音楽あるいは文芸等の造形芸術以外である表現様式はその範疇に入れず、それらを含む場合は複数形においてアーツセラピー（arts therapy）と呼び、言葉の上でも明確な区別を行ってきたのです。「アーツセラピー」という響きが日本人には馴染みにくいこともあり、日本では「アートセラピー」と「アーツセラピー」の区別は曖昧な状態となっています。

　人間が自己の内外の世界を響きあわせながら他者とも深く関与する心身の交歓体験は、医学的観点からも教育的観点からも大変重要なものです。仏教には依正不二という言葉がありますが、互いに育くみあい、安らぎあう共有地（コモンズ）を地域社会や家庭、或いは学校等において他者と共に築き上げる親密な関係性の形成能力は、コミュニティの崩壊

が叫ばれ個々人の孤立化が進む社会の中において、現代人にとって生きるうえでの非常に切実なスキルとなっています。

　そうした共有地づくりへの大きな導線のひとつとして芸術という存在が非常に有効であることが、二十世紀の初頭より精神科臨床に携わる者たちによって気付かれ始めていきました。

　「ホモ・アルティフェクス（芸術家としての人間）」という言葉も生まれます。そうした社会的動向の中、二十一世紀を跨ぎながら、医療は「治療の時代」から「養生の時代」へと揺り戻しをし始め、潮流が大きく移り変わってきたことを、筆者は精神科臨床やまちづくりの現場を通しながら肌で感じてきました。

　人は長い歴史の中で、心身の癒しをどのように模索し、どのような術を得てきたのでしょうか。精神衛生の向上にむけた様々な治癒文化がその地域の歴史風土によって織り成されてきましたが、その中において芸術という存在は、洋の東西を問わず古来より人の精神を癒す術であったことが知られています。

　ラスコー洞窟に代表される先史時代における洞窟壁画は、癒しの儀式へと深くつながっていたことが人類学研究によって明らかにされていますが、芸術体験はあらゆる民族文化において生活の節々に取り入れられながら親しまれ、また宗教儀式や儀礼にも多様に用いられ、畏れられてもきました。

　遥か古来より存在し続けるこうした芸術体験のもたらす癒しの作用を、古くて新しい人類の知恵として発達させたアートセラピーという技法は現在、精神医療や心理臨床、介護福祉や学校教育の現場において実践され、臨床研究が進められている状況にあります。

　現・日本芸術療法学会理事長の大森健一は、学会に集う臨床家・研究者たちに向かい「芸術療法は、芸術が治すのか、芸術で治すのか」と、その構造原理のあり方を繰り返し問い続けています。大森は、アートセラピーは何をもって治療構造となすのか、芸術体験プロセスそのものが持つ力が患者を癒すのか、もしくは芸術を治療技法として用いることが

治療的なのかを、臨床の場において問い直すことの重要性を説いているのです。

　二十世紀に欧米において誕生し、発展したアートセラピーには、芸術体験を通した自己治癒体験を起源とする古代よりの流れと、サイコセラピーから派生した流れと二つの潮流があります。前者は芸術体験そのものが持つ癒しの力に論拠をおく‘アート・アズ・セラピー（art as therapy ／芸術が治す）’の潮流であり、後者は一手法として芸術を活用する心理療法を根拠に据える‘アート・サイコセラピー（art psychotherapy ／芸術で治す）’です。

　しかるにクレペリンによる二大精神病概念の提唱と、フロイトによる「無意識の発見」に始まった百年に亘る精神医学史を振り返ってみれば、学術界におけるアートセラピーの構造原理の先行研究とは、圧倒的に‘アート・サイコセラピー’についての論及の積み重ねとなっている事実が判明します。そうした芸術療法論の反省から、アートセラピーの学術研究学会において昨今、‘アート・アズ・セラピー（art as therapy）’をテーマとする研究の深化が必要であるとの認識が示唆され、その挑戦が促されてきているのです。

2．アートシェアリング

　精神科医療におけるアートセラピーにおいて、専門に用いられる「シェアリング」という用語は、一般に使われる意味合いとは少し異なります。アートセラピーにおいて被験者（クライアント／患者）が創作表現を行った後にその感想を述べあうなど、言葉によるコミュニケーションを交えながら、作品に表した思いを対象者（セラピスト／鑑賞者）へと伝え、共にその表現イメージを共に分かち合う過程を指す呼称が「シェアリング」という、言わば臨床における専門用語なのです。

　患者とシェアリングを行う対象者は、アートセラピーの個人セッショ

ンであるならばセラピスト、集団絵画療法の場合はセラピストと他の療法参加メンバーとなっていきます。

　そうした絵画療法における一過程を示すシェアリングという呼称に対し、筆者は広義の意味において芸術の共有体験を「アートシェアリング」と規定します。

　筆者はこれまで二十年以上に亘り、アートシェアリングが及ぼす心身への影響力や、それを活かしたウェルビーイングなまちづくりの機能性を、ソーシャル・アートセラピーのアクションリサーチを通して探究してきました。

　盲ろう者で東京大学教授の福島智は、視覚と聴覚を全く失った体験から「人間にとって一番大切なことは、コミュニケーションである。他のすべてがあっても、人とのコミュニケーションがうまくいかなければ、人間は生きていけない。コミュニケーションできれば、それだけで生きていける」と語りました。

　また美術評論家の建畠晢は、「相手を理解するべき努力は最大限するべきだが、限界もある。そうした限界を超え、共感や驚きを抱けるのが芸術の力ではないか」と述べました。

　これは、アートシェアリングの機能性を指しています。コロナ禍によって様々な分断が露呈した現代社会は、互いの差異が相克しあう「well-having（非ウェルビーイング）」とも揶揄される社会状況にあります。その打開に向けた知性や強い理性が求められてもいますが、アートシェアリングは、作品を前に深く自身の感性と向かいあいながらも相手との感性交歓を行うという相互浸透を促し、双方の間に横わる障壁を溶解させうるものなのです。

　本書では芸術体験によって立ち現れる人間交流としてのアートシェアリングに着目し、芸術体験においていかに‘癒し’が発生し、‘アート・アズ・セラピー’が起立するメカニズムとその構造因子を示します。

　ここでの構造因子とは、表現者との芸術体験を分かちあう両者の関係性を指すものです。本書では、その両者の関係性によって、そこに内在

する‘therapy’発生効果の差異を明らかに示したいと考えます。

　人間同士のコミュニケーションにおいて要求される重要なことのひとつに、向かい合う相手と気持ちを通じあわせる感性の交歓が挙げられますが、そこでは、文字や会話といった言語と同様に、表情、抑揚、身振り手振りなど言葉以外の手段によって、感情、動機、意図、嗜好など、感性を知る手がかりが伝えられます。相手の喜怒哀楽や話を理解しているのか等、感性コミュニケーションを通しながら互いの気持ちを感じあって初めて人間はストレスなく円滑に交流を図ることが可能となるのです。

　互いに相手の感情を共有する感性交歓の場づくりにおけるひとつの有効な手立てとして、アートシェアリングは社会の様々な場面において広く活用されてきました。それは芸能という領域において特に顕著であり、くにづくりから年中行事まで、古来より洋の東西を越えたかたちで人が他者、或いは世界との関係性を深め結わえ直す儀礼の場において、広く人々の間でアートシェアリングは重宝されてきたという歴史を永く持ちます。

　発達心理学には「共同注視（joint attention）」という概念があります。共同注視の出現は、「幼児が他者の意図や心理状態を読み始める、発達上の一大ターニングポイントとされます。これを機に、母子は二者の外にある対象を共有し、考え、言葉をかわすようになっていく」と精神分析家の北山修は述べ、この共同注視という先行概念をもとに「共視」という語をつくりました。

　「母子関係が媒介物を橋渡しにして開かれていく」という認識を人間の感性コミュニケーションの出発点においてみると、「共に眺める」という行為が情緒的・身体的な交流でも非常に重要な意味を持っていることに考えが及びます。特に日本人は二者間「内」の情緒的交流と二者間「外」の言語的交流の二重性を維持することを特質とすることが指摘されています（図1）。

　共に芸術作品を眺める三項関係を通して二者間内に感性コミュニケー

ションを成立させるアートシェアリングは、社会形成が織りなされる折々に、人と人との交流を促す手法として用いられてきました。

　こうした三項関係を原理のひとつに置くアートシェアリングでは、芸術体験の場を共同注視する相手側との関係性の如何によっては、癒しの力を発揮するどころか、傷つき体験を発生する場合も少なくありません。「誰と芸術体験を共にするのか」という人間関係性がそこに起立し、癒し体験となるのか、あるいは傷つき体験となってしまうのか、その体験の性質を大きく左右するのです。

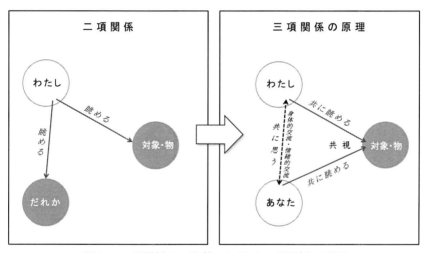

図1．二項関係との比較における三項関係の原理

※北山の「二者間内交流と二者間外交流」図（北山修、2005）に石田が加筆・作成

３．芸術養生と芸術療法

　「人は自分の人生を一つの物語として語ることによって自分が何者であるかを理解」するとは哲学者のポール・リクールの言葉ですが、自分自身の紡ぎ出した物語を自らが受け取った時、セルフ・エデュケーショ

ンによる世界に対する学びほぐし（Unlearn）体験を通して、ひとつの治癒がそこに‘起こっていく’のです。そうしたケアとしてのアート・エデュケーションの場を、セラピストが患者と共同創造することが、臨床におけるアートセラピーのアプローチとなります。

「Art in You」と現代アーティストの宮島達男は述べています。これは、人が芸術に触れて感動する時、作品はきっかけに過ぎず、そこに生まれた感動は、潜在的に観客の内側にあったものであり、‘芸術は、あなたの心の中にある’というメッセージであるのでしょう。つまり、芸術体験とは、自分の中に潜在する意識下の「内なる他者」との出会いの場の創出であるとも、言うことができるのです。

例えば、絵画表現とは‘描く（筆を走らせる）行為’と‘その効果を見る（絵を見測る）行為’の連動と反復活動にあります。絵画という場において‘描き手としての自分’と‘受け手としての自分’が画面上で出会い、互いにイメージを伝えあい認めあうという葛藤を繰り返した轍として、一枚の絵が仕上がっていくのです。

臨床におけるアートセラピーとは、そうした一枚の絵が仕上がるまでの過程を「セラピストと患者」が、「あなたと私」という親しい‘2人称’の関係において拓きながら、患者自身がもともと内部に備え持っている自発的治癒の力を活性化させていきます。いわば私事である芸術養生の過程を、あなた（親しい隣人であるセラピスト）がいることで、リハビリテーション治療として医療行為に発展させ活用していく技法であるのです。

そのため患者は、誰の為にでもなく自分自身の内なる享受者の眼差しに向けて、言わば自身へのオートクチュールとして絵を描いていく環境を得ていかねばなりません。そうした‘誰と’‘どういった関係の元で’芸術体験を行うのかという点において、癒し体験にも、あるいは傷つき体験にも、患者にとって変化しうるのです。そうした意味では、いわゆる絵画教室（アートレッスン）や美術の授業（アートレクチャー）と絵画療法（アートセラピー）とは、治癒が発生する機能効果は全く異なって

いくのです。

　逆説的ですが、信頼関係を築いた治療者に見守られた環境での表現活動、つまりは「２人称芸術体験（あなたと私の間で「ここだけの話」を吐露できるような無防備な心持ちでの芸術体験）」の中においてのみ、患者自身は安心して一人遊びに興じ、自身に向けた贈りものとしての「１人称芸術体験（私が自分のために私自身へと贈る芸術体験）」を生み落とすことが叶うのです。

　そして作品が完成した後に、患者は治療者へと、自作に対するコメントや或いは沈黙を伴って気持ちを伝えていく「シェアリング」を行います。言わば描画を通して「自分の内なる他者（無意識／自己）」を見つめ、意識と無意識との相克を、親しい隣人としてのセラピストの元で安心して受け入れていくのです。そうした行為を反芻することを通しながら、自身の現在の心身の有り様や無意識から自ら深く学びとり、外側の他者（どなたか）との社会での関わりを、学びほぐしていきます。

　そうした、芸術体験を通した自分自身に対する学びほぐし体験を、治療の仕組みとして理解しながら、病院でのアートセラピーを筆者は行っていました。

　病気の根本的原因を取り除こうとするのではなく、心身に起きている症状を和らげたり、なくしたりする治療法である「対症療法」を主としてきた近代の西洋医学において、医療行為が原因で生ずる疾患は「医原病」と呼ばれますが、アメリカでは死亡や負傷の原因の「医原病」で、毎年二十五万人以上の方が亡くなる現状にあります。このため現代医学から自然治癒力を高める代替医療への関心が高まっていく、ひとつの要因となっています。

　自然治癒力とは生体が恒常性を維持する機能により傷を治し病気になっても回復する力のことを指し、「養生」とは自然治癒力を自らが強める方法を指します。

　精神科医の神田橋條治は、養生の方法の中の一番の基本が、注意を内側に向けることであると述べています。

表1. 芸術養生と芸術療法（アートセラピー）の比較

※神田橋による「養生と治療」の表に石田が加筆・作成

	養　　　　生	治　　　　療
担当者	本人	専門家
方法	個人にあわせて試行錯誤	確立された技術と訓練
効果の発現	ゆっくり、曖昧い	速やかさ
副作用・危険	ない・少ない	ある
期間	長期・生涯	短期が理想
作用の本質	自然治癒力の増進＝根本的	自然治癒力の活用＝一時的

アート・アズ・セラピー（art as therapy）		芸　術　養　生	芸　術　療　法
	場面	くらし、日常	医療、介護、カウンセリングの現場
	意図	意図せず自然発生的に起こる	意図的に自律性の活性化を促される
	意識	セラピーの意識は持たない	セラピーの意識を持つ

　養生とは自分の内側を整え、よい状態を作り保つことであり、我々は生活の必要上、外側へ注意を向けることを日々続けていく分、内側、つまり「いま・ここ」の心身を無視する傾向にあり、それを永年続けていると、「気持ちがいい」「気持ちが悪い」の感覚が鈍化してしまうことに警告を発しています。

　養生のためには、内側へ注意を向け変える練習が必要と神田橋は述べ、精神科の病気の種類が何であれ、良くなってくると好奇心がでてくることを指摘しています。好奇心は行動を増やす心の働きであり、脳へ流入する情報の量を急速に増加させるものです。好奇心を伴った自らが望む形での主体的な芸術表現への取組みは、その中心に遊び心があり、それは自律性が息づく自己修正プロセスを活性化させる芸術養生へとつながるのです（表1）。

　こうした養生を通して、自然なかたちで好奇心を起点とした治癒力発動の起点の場を築いていけるかどうかが芸術療法のみならず、精神科リ

ハビリテーション治療においては鍵となるのです。

　アートセラピーのパイオニアの一人であるカール・グスタフ・ユング
は、統合失調症的な症状を示した折に絵や彫刻の創作を通しながら自己
分析を行い、病いを自らの力で克服した「芸術養生（セルフ・アートセ
ラピー）」としてのアプローチによって独自のユング心理学としての「分
析心理学」を築くに至りました。

　或いは、画家であったアンソニー・ヒルは自らが結核患者としてサナ
トリウムに病気療養中、絶望感に襲われた自身の治療のために絵を描い
ていた芸術養生による治癒経験を元に、「Art therapy」の呼称をつけて
治療技法として他の患者へと薦め、更に書籍化することを通して、広く
世界へと普及化させていきました。

　こうしたアートセラピーが誕生した経緯に象徴されるように、芸術
療法（アートセラピー）とは、まずその始原として芸術養生（セルフ・
アートセラピー）に端を発しながら、患者である自身へと芸術体験を自
らの意志で処方して治癒へと促したセルフ・アートセラピストとしての
マスターが、他患者への医療行為として臨床実践を行う形において発展
を重ねてきたと言えるのです（図２）。

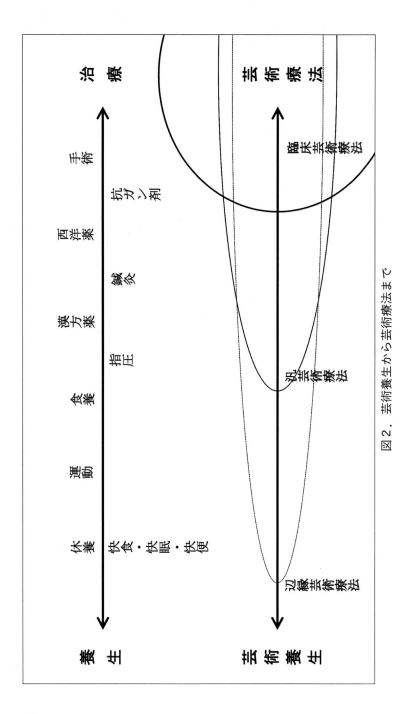

図2．芸術養生から芸術療法まで

※神田橋の示した図「養生から治療まで」との対比において石田が加筆・作成

治療

養生

芸術療法

芸術養生

手術

抗ガン剤

西洋薬

鍼灸

漢方薬

指圧

食養

運動

休養

快食・快眠・快便

臨床芸術療法

辺縁芸術療法

辺縁芸術療法

第2章　芸術体験は、人の心身に何をもたらしうるのか

1．アートコンプレックスへの処方箋

「いまからここで、絵を一枚描いてみませんか。」

そんな促しを、もし何かのイベントに参加した際に受けたとしたら、あなたは抵抗感なく絵を描き始めることができますか。

ほとんどの方はおそらくそうした場合、戸惑いや抵抗感、あるいは促す者に対して嫌悪を感じる方もいることでしょう。しかし例えば保育園や幼稚園に通う五歳の子どもたちに向かって同様に「お絵描き」を促したとしたら、多くの場合、子どもたちは嬉々として描き始めていくことでしょう。

こうした、子どもと大人の絵画に対する一般的な反応の違いはいったいなぜ発生してくるのでしょうか。子どもから大人へと成長していく過程で、いかに多くの方々が描画に対して少なからぬ抵抗感を抱えてしまうという不思議さについて、筆者はいつも考えさせられてきました。

筆者は精神科臨床においてアートセラピー（絵画療法）を行う際に、絵を描くことをたいへん苦手として、描画活動に対して強い劣等感を抱える患者が多数を占めるという現実に、毎回のように直面した経験を持ちます。

集団で行う絵画療法の際、セラピスト側から見れば、そうした多くの患者が抱える「絵を描くことに対する苦痛」をいかに解き、かつて子どもの頃の「お絵かき」の時間へとリハビリテーションして、遊びとして絵を描くことができるように子ども返り（創造的退行）させることができるかが、アートセラピーにおける治療活動の最初の山場となります。

どうして日本人は、これほどまでに多くの人が絵を描く行為に強い劣等感や優越感という「アートコンプレックス」を抱き、癒しの効果どころではなく、苦痛をも感じてしまうのでしょうか。言い換えるならば、芸術体験がもたらす癒しの力が「発生する／発生しない」の違いは、いっ

たい何に起因するものなのでしょうか。

　かつて九州において筆者が病院や老健施設の臨床現場にアートセラピストとして携わっていた際、患者は文字通り体を張って私たちセラピストや治療スタッフに多くのことを教えてくださりました。

　あるとき筆者が院内の老人デイケアにて集団絵画療法を担当していたときのことです。その中の七十代後半の女性通所者の方は、スタッフをいつも笑わせて下さるような明るくユーモラスな方だったのですが、週に何回かの絵画の時間に、筆者やスタッフが描画を勧めようものなら、とたんにその笑顔をしぼませて、「わしゃ、描きえません。アンタァが描いてくれんか」とかたくなに言われるのでした。その後、席に着かれている間も白紙を見つめられたまま、ただひたすら静かにたたずまれてらっしゃることが常でした。

　先に述べたように、その方に限らず絵画活動に対してこういったリアクションは珍しくありません。この老人デイケアにおいても他に何人もいらっしゃいましたし、他の病棟においても同様でした。

　確かに絵画活動には、好き嫌いといった個人における趣味の問題は当然ありうることでしょう。ただ、それ以上に絵画活動に対するアートコンプレックスを持っている方の割合が多いのです。それは普段、日常生活ではあまり顕在化していないだけなのでしょう。

　では集団での絵画療法の時にアートコンプレックスを持つ参加者がとる描画拒否という態度に対して、アートセラピストやスタッフはいかなる態度を取ればよいのでしょうか。筆者は、そうした参加者（患者）がアートコンプレックスを抱えているという態度をまずなによりも尊重し、受けとめていくことが先決なのではないか、と感じずにはいられませんでした。

　アートコンプレックスを抱える患者は、「私には絵画という表現活動ができないのだ」ということを態度で自己表現、いわば身体表現されているのだと、アートセラピストである筆者は理解していきました。

　その施設内で他の方々が絵画活動される中で非絵画活動をもってその

場にとどまるということ、それ自体が大いなる仕事であるといえましょう。「描画という表現」ではなく、「沈黙という表現」を用い、その表現を黙々と他の参加者やスタッフの前に現されているということに、まずは共感を示していきたいのです。

　現代美術におけるジョン・ケージのサウンドアートや、世界有数の作曲家であった武満徹の音楽とその理論は「沈黙」という表現について多くの啓示を与えてくれます。

　武満の沈黙に対する思いをその著書から拾いあげ、表現者にとっての沈黙という存在をここで想像してみたいと思います。

'音楽は、音か沈黙か、そのどちらかである。私は生きるかぎりにおいて、沈黙に抗議するものとしての〈音〉を択ぶだろう。それらは強い一つの音でなければならない'

'私は自分の手でその音を刻んで苦しい一つの音を得たいと思う。
そして、それは沈黙と測りあえるほどに強いものでなければならない。'

以上『音、沈黙と測りあえるほどに』からの抜粋

　絵を描く表現行為に抗議するものとしての「沈黙」を択んだ、アートコンプレックスを抱えた参加者が創り出す「沈黙という身体表現」に対するセラピストの「それを見守る」というリアクションは、「測りあえるほどに強いものでなければならない」のではないだろうかと筆者は想像します。

　さらに武満はこうも記しています。

'生まれでることの激しい沈黙、土に還るときの静かな沈黙。芸術は沈黙に対する人間の抗議ではなかったろうか。詩も音楽も沈黙に抗して発音するときに生まれた。物と物を擦り合わせたり、岩肌を傷つけたりす

ることから絵画がうまれた。そして、こうした生の挙動が芸術をかたち
づくってきた。芸術は未分化の土壌に芽生えた。'

'いま、多くの芸術が沈黙の意味を置去りにしてしまっている。'

　以上、武満が言うように、表現者にとって沈黙とは抗うべき暗黒であ
り、またよって立つべき母なる大地でこそあるのかもしれません。沈黙
にとどまろうとする姿勢に対し、セラピストや医療福祉におけるスタッ
フは何かを感じ取らなくてはなりません。
　患者が私たちスタッフに向かって「沈黙」を描いてみせているのなら
ば、スタッフはいかに心地よく創作活動、つまり沈黙に徹せられる雰囲
気をその患者に向けて創れるのかということこそを「測りあ」い、双方
にとってその先にあるもの、沈黙に替わり得る新たなる表現を待ち続け
る覚悟を必要とするのではないかと筆者は感じます。沈黙をアートシェ
アリングするのです。
　患者の主体性がいつか産み落とすであろう次のステージを静かに「待
つ」、そしてそのプロセスを「見守る」という非積極的な行為を積極的に
行っていく「非行為の行為」こそ、集団絵画活動時におけるセラピスト
やスタッフの重要な姿勢であることを、多くの患者より筆者は学ばせて
いただきました。
　そうした上で絵画や美術という領域に対して劣等感、あるいは優越感
を持たれている方は、本来、美術というものが際限無いほどに広範に亘
る手法と表現ジャンルを持つという性質に対し無知であることに着目し
たいと思います。
　筆者は、患者の抱えるアートコンプレックスの解消に向けて、この「未
知の知」こそを活かすべきだと考えました。アートコンプレックスを抱
えた方たちの大半は、限定された固定観念をもって美術やその作品評価
を不当に狭く歪ませて捉えてしまっているという事実を逆手にとるので
す。

だとするならば、

    ①. 絵画活動を提案　　〈スタッフのアクション〉

→②. 沈黙という自己表現〈患者のリアクション〉

→③. ②の容認　　　　〈スタッフのリアクション〉

    ④.　　　…　　　　　〈スタッフのアクション〉

と展開した後の次なる④というアクションは、①とは一見全く異なった表現に見えるものの、やはり「絵画活動を提案」であろうと筆者は考えるのです。

　アマチュア（＝患者）にとって未知なる絵画や美術の表現領域にこそ、④に来たるべき表現が限りない選択幅を残し手付かずのまま残っているのです。

　アートに対する専門知識を活かす形で、アートセラピスト自身にとっては既知なるアートの領域から、患者の絵画に対する固定観念を超えた未知なる表現ジャンルを選択し、①とは違う形で取り出してみせ、まさかこれが‘絵画’であり‘芸術’であろうとは思いも寄らぬ患者に、そ知らぬ振りしてコーディネイトしていくのです。

　そこには「未知の知」に対する驚きや好奇心が生まれるだけで、劣等感や優越感は「未知」に対しては発生のしようが無いからです。そうすることでアートコンプレックスを抱く患者が「沈黙という表現」に替わりうる非言語的な集団絵画療法（アートセラピー）に主体的に帰還していただくことがはじめて可能となると考えられるのです。

　しかしこうした医療の中でのアートコンプレックスに対するリハビリテーションは、アートセラピーのセッションに参加される限られた状況の方々にしか行っていくことは叶いません。筆者は描画に限らず、いろいろな表現活動において多くの方々が抱えるアートに対するコンプレックスというものを正面からしっかりと見据えていきたいと考えました。

　精神科医療におけるアートセラピーの仕組みを一言で集約するならば、患者が本来持ちえる自己治癒力を活性化させることで、心身が回復するための環境づくりを、セラピストは「非行為の行為」をもってそっと

支援するという治療技法です。医療機関におけるアートセラピスト（芸術療法士）とは、患者自身が治癒力を発揮する芸術養生のための補助輪であり、患者のリハビリテーションを見守る伴走者なのです。

　筆者は精神科臨床に携わりながら、人間は誰もが生まれながらのアーティストであり、自己治癒力を備えもったセルフ・アートセラピストであるということを患者より学びました。つまり、精神衛生的な「健康度を高く保ちつづけやすい人」とは、「暮らしの中で自身に向けてセルフケアを適切に処方することのできる人」、つまりは「セルフ・セラピストとしての本来の資質を支障なく発揮できる状態にある人」と言えるのです。

　翻せば、精神科医療の治療を必要とする人は、なんらかの理由により自身にセルフ・セラピーを施すことを一時的に遮られている状態にある、またはセルフ・セラピストとして未発達であるがために弊害が起きている状態である、とも言い換えられるのです。

　日本社会の現状を見ると、「良い芸術作品を創ることのできるのは、才能や技術を持った者である」という近代以降の学校美術教育によって、子どもたちは、芸術体験を介した遊び、そしてそれに伴うセルフケアとしての技として芸術へのアプローチは混沌とし、無理解のままで成長するのです。これは意図的でないにせよ、日本の学校美術の教育制度における歴史的に大きなミスリードであったと筆者は考えます。欧米において美術教育とアートセラピーは、歴史的にみても、たいへん密接に結びついて発展してきたのですが、日本の学校美術の教育制度には、それが及んではいないのが現状です。筆者は、そうした学校美術の改善、つまりアートの在り方自体のリハビリテーションに向けた実践的な研究活動「ソーシャル・アートセラピー」を提唱しています。

　人が「セルフ・アートセラピスト」として自らに施す「芸術養生」とは、暮らしを彩る体験を隣人の手を借りながら自身の心身へと贈与し、自他の人間環境を健やかに育む日々の営為に他なりません。しかし現在の芸術体験を巡る学校教育活動が置かれている状況は、全くそこに及ん

でいないのです。

　本章では、その起因を特定する事例として小中学校の美術教育過程に目を向け、なぜ美術教育実践が児童・生徒に対してアートコンプレックスを誘発するのか、その起因を特定します。

　その因果性を示す先行研究としてウィニコットの発達理論に沿って、芸術体験に対してコンプレックスが発生する理由を見定め、アートコンプレックスを解く、あるいは未然にアートコンプレックスを予防するための理解へと繋げたいと考えます。

　「私は誰と共に絵を描くという芸術体験の場を持つのか」ということが、アートコンプレックの発生を防ぐ、非常に大切なポイントとなるのです。

２．アートコンプレックスを発生させる起因

　共に芸術体験を味わうアートシェアリングは、古今東西において社会形成が織りなされる折々に、人と人との交流を促す手法として用いられてきました。こうしたアートシェアリングでは、芸術体験の場を共にする相手側との関係性によっては、癒しの力を発揮するどころか、嘆き傷つく体験を発生する場合も少なくありません。「どういった間柄の人と芸術体験を共にするのか」という人間関係（＝人称関係）が人の心身へと及ぼす機能効果においては鍵を握り、芸術体験の質やその効果を大きく左右するのです。

　本章では、アートコンプレックスを起こしうるそうした対人関係の在り方に着目し、アートシェアリングの機能性や効果の違いを、それぞれ比較しながら、お互いがウェルビーイングな状態となりうる芸術体験の姿を示していきます。

　まず、日本の学校美術教育における学習過程の仕組みの分析を通してアートコンプレックス発生の引き金について言及し、芸術体験の持つ

様々な機能性や医療的な効果が発揮される起因を示していきます。こうしたアートコンプレックスが日本において大量に発生する年代は特定することができるのです。

　小・中学生の子どもを持つ保護者メンバー2,617人を対象に「図工・美術の授業に関するアンケート」として2011年に実施されたBenesse教育情報サイトを参照すると、保護者への『お子さまは、「図工」または「美術」の授業が好きですか』との質問に対し、「図画工作、美術」が「とても好き」の割合は、小３から中３で約四分の一に減少することが窺え、学校での美術教育実践を通した芸術体験の積み重ねが、少なからず児童・生徒へとアートコンプレックスをもたらす契機となることが解ります。

　こうした美術教育実践における芸術体験と、アートセラピーにおける芸術体験とでは、被験者へ異なる心理的効果を及ぼしますが、それは何に起因するのでしょうか。

　学校美術教育界においてアートコンプレックス発生の主要因の一つとする定説が、思春期及びその前段階における写実性への興味と欲求の増大、そしてそれに伴って生じる児童生徒の「表したい内容や表し方と、自らの描画能力との間のギャップから生じる表現意欲の減退」が起きるというものです。しかし、アートコンプレックス発生の起因はそれに留まらないのではないでしょうか。

　学校美術教育における学習過程の構造分析として、まずは授業体験における児童・生徒と教師との心理的相互作用についての先行研究を挙げます。

　まず、小児科医で精神分析家のドナルド・ウィニコットの発達理論を紹介します。乳幼児の発達成長について、母と子を相互作用的な一対のものとしてみる二者関係論を展開したウィニコットは、一者関係（私）から二者関係（あなたと私／母と子）への発達成長を、依存という観点から学術的に究明していきました。そして、乳児が成長していく途中で、この一者関係から二者関係へと発達するときのつまずきが精神病理の発病を誘発するという理論を発表しました。

ウィニコットの発達理論によれば、母親の一つの役割は、その腕や膝を通して乳児の「自我（自分自身に対する、各個人の意識・観念）」と関係を持ち、乳児が必要とする発育に必要な人間環境を提供していくことです。まず母親は、乳房を通して乳児と関係を築き、乳児の欲求を満たすのです。母親はその後、乳児の様々なニーズには、徐々に応えることに失敗し、乳児の攻撃性が向けられます。そうした結果として、乳児は母子の区別のない一体化した一者関係から、母と子という二者関係へと移る展開をみせて、乳児は自律性を促進させながら自分と他人との分離を健やかに果たすのです。

　子どもはこの移行段階に生じた、母親の乳房などの、自分の一部ではなかったと気づいた物を、同時に自分の物としても発見するのです。そうした乳房から移行した対象物は、客観的にみると物的な対象に見えますが、幼児が肌身離さず持ち歩く毛布、ぬいぐるみ等、主観的には愛情などの対象である物であり、子どもは自分自身でその対象を創造するのです。そうした乳児が「一人でいる」時の心的状態は、「遊ぶこと」に限りなく近いと考えられ、創造性の発育へと繋がるものです。この個体発生における「遊ぶこと」の発達段階における先駆けは、「学ぶこと」より「遊ぶこと」が本質的な意味において、上位に挙げられる哲学的意味合いにも繋がります。

　この時、乳児は母親と共にいながらも、心理的に一人でいることのできる能力を獲得します。乳児が母親に自我を支えられながら寛ぐことができ、自分の世界に夢中になれる健やかさを示していくのです。

　この「母と一緒にいる状況において、はじめて乳児は安心して一人遊びを始めることができる」、つまり「誰かがいるところで、一人でいる／あなたがそこにいるから、私は私でいられる」という逆説的な関係をウィニコットは「自我の関係化」と名付け、子どもはこの発達過程を通して、外的現実と内的現実（現実と空想、母親と乳児）の「中間領域」を創りだし、その領域において遊ぶことができるようになると主張していきました。

中間領域とは、自らが世界と真剣に関わる前に身を置く、例えるなら
これから舞台に立つ芸能人にとっての楽屋の様な、あるいは海と川の水
が混じる汽水域の様な場であり、そこでは自由に創造性が喚起されてい
きます。中間領域は大人になっても消えず、成人後の全ての文化的体験
にも繋がり、宗教や芸術の場となって生涯に亘り精神世界を支えていく
のです。

　しかし、もし乳児に対して母親が急激で早すぎる自他の分離を行った
場合は、「健やかな万能感」へ深い傷を与え、精神病理の発生を引き起こ
す起因ともなるとウィニコットは述べます。母親の不適切なアプローチ
によって、乳児が母親の独り善がりな態度に服従させられる体験が繰り
返されると、「本当の自己」は潜行してしまい、健やかな発達が叶わず、
代わりに母親に合わせた「偽りの自己」を形成してしまうのです。

　その場合中間領域は空白、狭小、或いは歪曲してしまい、乳児はそこ
で遊ぶことができないまま身体的成長を迎えていくとウィニコットは主
張しています。

　このウィニコットの外傷理論は、アートコンプレックスの発生起因の
理由へと繋がります。

3．誰と共にいるのかによって体験効果が変容する描画表現活動

　先に述べた１人称芸術体験や２人称芸術体験と異なる芸術体験として
３人称芸術体験があります。３人称芸術体験は、「採点者（権威者）」と
「受講者（私）」の関係性に代表されるアートレッスンの仕組みを持ち、
それによって多くの学校生徒らは、子どもの時のように安心して描画表
現を通した一人遊び（お絵描き）に興じることなどは、難しい状況とな
ります。

　アートレッスンの仕組みとは、「あなたと私」などの個人的な関係の及
ばない形で客観的に評価を作品に下す権威（的鑑賞）者と表現者との関

係であり、子どもたちにとってはこれまでと違い、いわば近代的教育観の中で展開される日本の美術教育における相対的評価を浴びせられていく体験となるのです。

　第三者としての他者が、その絵の表現者との個人的関係を切り離した「近代科学の知」としての客観性をもって、表現者である「私」へと客観的評価を下す構造をとります。それゆえこの３人称芸術体験においては、表現者は「一人遊び」することが叶わぬ、他律的（自分以外の者が取り仕切るペース配分）な活動として教育的発達を促される、非治療的な芸術体験であるのです。

　描いた絵が評価されることを念頭に置く表現者は、「他者」の視線に晒され、自身の表すイメージに深く目を凝らすことが叶わない状況において「偽りの自己」へと至る危険性が発生します。結果として「表現者の私」は「権威者としての鑑賞者」の評価を意識した絵を描く形をとるのです。

　自我の発達段階にある未熟な表現者である子どもたちにとっては、他律性の強く息づく環境に晒される３人称芸術体験において、自律性の息づく１人称芸術体験を健やかに派生させてゆくことは大変困難となります。

　そうした、安らぐことが許されない他律的な状況において芸術体験を繰り返すことは、描画に対する劣等感や優越感を表現者と鑑賞者双方に発生させる機運を伴います。

　３人称芸術体験は、権威ある鑑賞者へと自分の絵を贈与していく体験として、表現者にアートコンプレックス発生の危険性を内包しているのです。

　翻せば、他者からの作品評価を意識せず、常に２人称芸術体験の現場に息づく知的障がい者の芸術体験においては、こうしたアートコンプレックス発生は成立しえません。知的障がい者の造形作品が、「伸びやかに描かれている」といった印象となる所以であるとも言えます。これは、一般的な近代的学校美術教育が及ばない学習環境で育ったことに起因する

と筆者は考えます。

　そうした3人称芸術体験に隣接するものとして「2.5人称芸術体験」が挙げられます。2.5人称芸術体験とは、'客観的な'評定を行うことを特徴とする3人称芸術体験と、「表現者である私」に対し作品評価を行わず非権威者に徹する2人称芸術体験との狭間にある'人称性'を示します。

　状況によっては、2人称（あなたと私）と3人称（だれかと私）、その双方を行き来し兼備する体験です。実際的には「ファシリテーターと参加者」との関係性に代表されるアートワークショップにおける仕組みを指します。

　東京工業大学の中野民夫は、「輪になって座るとき、半分は共同体の一員として輪の中にあり、半分は個人としての輪の外にいる。つまり、輪の内側に向いている半分は、共同体の一員として合意できる部分で、輪の外側の半分は個人としての自分なのだ」「共同体の一員としてと同時に、個人として認められる」と述べ、狭間にある'2.5人称性'の原理をワークショップの構造論として示唆しています（図3）。

　'専門的職業人'としてのファシリテーターは、様々な意図によって画材・手法・メンバーにおいて偶有性に満ちた出逢いをワークショップ参加者へと提供する場づくりを図りながら、同時に参加者一人一人が個としてもいられる力を培う個人の感性が息づく「2.5人称の視点」による場づくりを指向します。

　茶道においては、主客が一体となり、一つの時間・空間を一体となし、茶会を創り上げることを一座建立と称して目標とされます。そうした他律性と自律性が各々混交する共同創造活動を通して「集団知」と「臨床の知」を学び合う体験を提供する場が、アートワークショップの特性であるのです。

　こうした定義によって、自律性の息づく1人称芸術体験への展開を促す2人称芸術体験へとひらかれる「遊び」の体験と、「学び」という発達への志向性をもって他律性を息づかせる学校教育に近い3人称芸術体験を併せ持つ「2.5人称体験」の機能性が示されていきます。

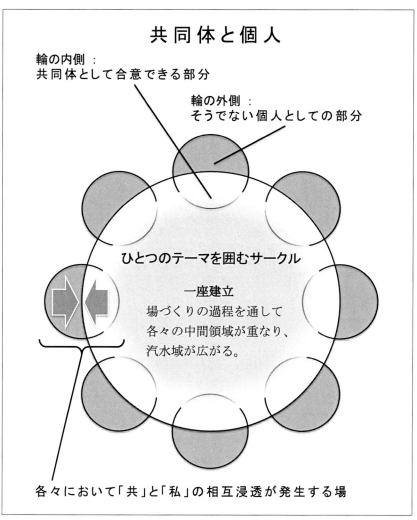

図３．ワークショップにおける構造モデル

※中野の示した「ワークショップにおけるサークル構造（中野, 2000）」に
　石田が加筆

場合によっては、参加者である「私」が安心して人前で一人遊びを展開させていく機会を持つことから、アートワークショップは 'アート・アズ・セラピー' の発生の可能性を孕む汎芸術療法の治療構造をその片隅に内包させているのです。しかし、客観的な作品評価姿勢をとる「先生・採点者」がファシリテーターであるアートワークショップでは、アートレッスンにおける３人称芸術体験と同様の効果を及ぼしていきます。

　３人称芸術体験へと振れたワークショップは、権威ある鑑賞者への贈与体験として表現者にアートコンプレックス発生の危険性を内包しているので、特に主催者側にはそうした意識と注意が必要となります。

　そして、こうした人称による言分けの最後に「不定称芸術体験」についても述べます。

　不定称芸術体験とは、芸術家と「不特定の鑑賞者」や芸術家と批評家との関係性に代表されます、作家活動によるアートワークとしての構造を持ち、広く社会へと自分の作品の公開化を指向する芸術家活動を指します。

　芸術家と「不特定の鑑賞者」の関係性を、芸術家の立場より顕著に言及した例としては、世阿弥の『花鏡』が挙げられます。

　『花鏡』において世阿弥は、観客の見る役者の演技は、客観的に見られた自分の姿「離見」であり、「離見の見」、すなわち離見を自分自身で見ることが必要となり、自分の見る目が観客の見る目と一致することが重要であると述べています。

　上記の世阿弥による役者に向けた芸事の指南に象徴されるように、不定称芸術体験としてのアートワークは、「私」と社会との間に創出する中間領域において表されてゆく芸術体験であり、自律性の中に他律性をせめぎ合わせる多層的な構造を持つもので、いわば「ソーシャル・アートシェアリング」として位置する仕組みを持ちます。

　日本では江戸時代までは、アーティストとオーディエンスの垣根の低い、いわば総表現者・総観客の時代でありました。しかし明治維新を迎え西洋文化による啓蒙思想の輸入によって芸術家と観客とを鮮明に区別

する意識が浸透していった歴史を持ちます。以後、芸術家と観客とのこうした分断意識は、近代教育指向による学校での美術科教育の普及とも相まって根付いていったのです。

　それは、「芸術表現は崇高なもの、それゆえに自分にはとても表現できないもの」という感覚を強く持つ、いわばアートコンプレックスを抱える日本人の増加を招く歴史的・社会的要因となっていきました。

　近代以前の日本では、こうしたアートコンプレックスは、発生しようがなく、アートシェアリングのあり方は、限界芸術をはじめとする地域社会における芸能文化として、人々の暮らしの折々に溶け込んで、芸術養生として息づいていました。

4．芸術体験における人称性関係の構造解釈

　以上に述べた各芸術体験の内容を、一覧表として表しました（表2）。

　芸術体験における人称性関係モデルの構造解釈を区分し、比較分析を行うと、'アート・アズ・セラピー' によるケア的な指向性をもった関係性である芸術体験とアートコンプレックス発生の誘因を伴った芸術体験構造が「表2」や「図4」のように相対化されていくことになります。

　3人称芸術体験における美術教育実践は、その被験者である児童・生徒に対してアートコンプレックスの発生を誘発する危険性を構造的に孕むと筆者は結論づけます。

　現在の日本における学校教育現場において、教師は個々の児童・生徒への評価、及びその際の数値化（評定値）を決して安易な姿勢で行っているわけではありません。しかし、学習活動の様々な場面でどのような力を発揮しているのかをつぶさに見てとりながら評価を行うことが、近代学校教育における教育制度の中で実際に教師へと要求されているという現状があります。

　そうした学校美術教育の現状が、客観的作品評価姿勢をとることを基

表2．芸術体験における人称性関係モデル

※芸術体験におけるアートコンプレックス発生の構造原理（石田，2014）

カテゴリー	芸術体験の人称性関係モデル		
	文化構造	関係構造	治療構造
1人称芸術体験	**アートレクリエーション指向** 例）筆を走らす私⇔見測る私、心⇔体、外的現実⇔内的現実 内容：自分自身と共にいる能力「自我の関係化（Ego-Relatedness）」を礎に、心体の同一性を浸透させ、自律性の息づく内的現実を拡充させゆく芸術体験	**セルフ・アートシェアリング** 表現者：私　鑑賞者：私 作品：「私」の領域世界に表される 場の観察者：なし 評価姿勢：客観的作品評価は存在しない 領域：「私―作品―私」の三項関係において「私」と「自身」との間に中間領域が生起	**芸術養生（Self Art Therapy）** 被験者：私　治療者：私 行為の贈与対象：私自身への贈与体験 治癒構造：「個になる能力」を育むくらしの中の楽しみとしての芸術活動により成立するself art psychotherapyに てart as therapyの発生が促される
2人称芸術体験	**アートセラピー指向** 例）母⇔子、セラピスト⇔被験者 内容：1人称芸術体験への移行を促すための過渡的な体験プロセス。表現者が寄り添う相手との間に創出する中間領域において「自我の関係化」を培い自律性を呼び覚す「療法芸術」体験	**対称性アートシェアリング** 表現者：私　鑑賞者：私とあなた 作品：「共」の領域世界に表される 場の観察者：セラピスト（あなた） 評価姿勢：客観的作品評価を存在させない 領域：「私―作品―あなた」の三項関係において私とあなたとの間に中間領域が生起	**臨床芸術療法（Clinical Art Therapy）** 被験者：私　治療者：あなた 行為の贈与対象：私への贈与体験 治癒構造：芸術体験を介して場に抱擁（holding）され、芸術養生の発生をもたらす。art as therapyの発生を促す場があり、「本当の自己」の促進を伴う
2.5人称芸術体験	**アートワークショップ指向** 例）ファシリテーター⇔参加者 内容：一座建立を図りながら、同時に個としていられる力（自我の関係化）を培い、他律性と自律性が各々混交する共創活動を通して「集団知」と「臨床の知」を学び合い教え合う芸術体験	**汎アートシェアリング** 表現者：私達　鑑賞者：私達 作品：「公―共」の領域世界に表される 場の観察者：ファシリテーター（あなた） 評価姿勢：客観的作品評価を意識しない 領域：「私―絵―あなた達」の三項関係において私とあなた達との間に中間領域が生起	**汎芸術療法（Pan Art Therapy）** 被験者：私たち　治療者：あなたたち 行為の贈与対象：私たちへの贈与体験 治癒構造：臨床芸術療法との境界線にあたる芸術活動。不特定の参加者による一期一会のart workshopにおいてart as therapyが発生する可能性を孕む
3人称芸術体験	**アートレッスン指向** 例）先生⇔生徒 採点者⇔受講者 内容：個人的関係の及ばない形での客観的評価を作品に下す権威的な鑑賞者と表現者との三項関係。他律性が息づく環境で表現者が自律性を育む芸術体験	**非対称性アートシェアリング** 表現者：私　鑑賞者：客観的評価を下す他者 作品：「公」の領域世界に表される 場の観察者：彼（彼女）orなし 評価姿勢：客観的作品評価を存在させる 領域：「私―作品―他者」の三項関係において、表現者には中間領域が生起しえない	**非芸術療法（Non Art Therapy）** 被験者・治療者：なし 行為の贈与対象：権威ある鑑賞者への贈与体験 治療構造：art lessonにおける客観的評価態度は、表現者に自己同一性の解体とart complex発生の誘発を及す
不定称芸術体験	**アートワーク指向** 例）芸術家⇔不特定の鑑賞者、批評家 表現者個人⇔社会（他者達） 内容：社会へと公開を行う芸術家活動社会と私との間に創出する中間領域において表されゆく芸術体験。自律性の中に他律性をせめぎ合わせる芸術体験	**ソーシャル・アートシェアリング** 表現者：私 鑑賞者：客観評価を表す社会 作品：「公―私」の領域世界に表される 場の観察者：私 評価姿勢：作家は作品評価の場を開拓する 領域：「私―作品―社会」の三項関係において「私―社会」との間に中間領域が生起	**辺縁芸術療法（Marginal Art Therapy）** 被験者：私　治療者：私 行為の贈与対象：社会への贈与体験 治癒構造：くらしの中での芸術創作の喜び、社会生活との境界線にあたる芸術療法としてart as therapyの発生を通した「本当の自己」の促進を伴う

軸とした「評定を行う者（＝教師）」による相対的評価の傘の下に表現者である児童・生徒が置かれる状況をつくり続け、アートコンプレックスを抱える人々を数多く生み出す起因となっていると筆者は結論づけます。

　ウィニコットは、「患者の創造性を治療者が奪い取るのはとても簡単なことである。大事なことは治療者の知識ではなく、自分の学識を隠すことができ、あるいは知っていることを声高にあえて言わない慎み深さである」と警告を発しています。

　客観的作品評価を気にしながら描く表現体験、いわば権威者としての鑑賞者を意識した他律性に満ちた中での３人称芸術体験は、子どもにアートコンプレックスの発生を誘発する起因を構造的に備えており、２人称芸術体験と明らかな心理的効果の違いを生み出しているのです。

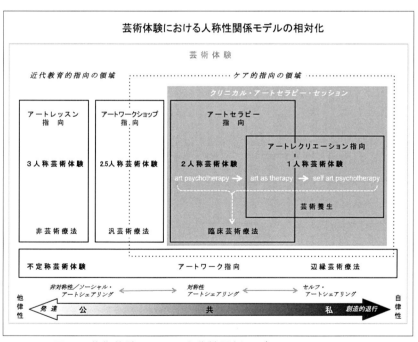

図４．芸術体験における人称性関係モデルのマトリックス

5．アートコンプレックス発生の予防

　本章では、人が芸術体験を行えばいかなる状況下においても癒しの効果を発揮するものではないことを指し示す事柄としてアートコンプレックスの発生を挙げ、芸術体験においてその精神的治癒効果を分ける差異がどこに起因するのかを特定し、癒し体験を誘発する芸術体験の違いを示しました。

　一方で、「採点者（＝教師）」を前にして、表現者である児童・生徒が作品評価を気にしながら描く表現体験、いわば権威者としての鑑賞者を意識した3人称芸術体験であることも示していきました。

　2009年の高等学校学習指導要領には、美術の科目目標として「生涯にわたり美術を愛好する心情を育てる」ことが謳われています。またこれまでも「児童・生徒が楽しく造形的な創造活動に関わり、生涯にわたって描いたり作ったりする創造活動を促すことを重視する」といった同様の目標が、文部科学省教育課程審議会においても繰り返し述べられてきた経緯があります。

　これは図らずもこれまでの美術教育が児童・生徒に対して、生涯に亘る「美術を愛する心情を育て」られてはこなかったという反省を踏まえての修正点であり、根源的な課題の示唆であるとも受け止められます。この目標に対し、学校美術教育は今後、どのような改善を行えばよいのでしょうか。

　近代学校教育における授業のアンチテーゼとしての側面を持ちながら、1990年代頃よりワークショップが各所で隆盛となり、美術教育の授業においても取り入れられましたが、ファシリテーターが客観的作品評価姿勢をとることを基軸とした「先生／採点者」である場合、結局は表現者である児童・生徒が1人称芸術体験を得ることは構造的に困難であり、アートコンプレックス発生の危険性が伴うことに変わりありません。

　そうした結果生まれた、多くの「生涯において美術を」苦手とし敬遠してきた成人患者に対し、まずアートセラピストは患者個々人が抱える

アートコンプレックスの質を測り、それを個々に解くアプローチにおいてセラピーのセッションを始めるのです。

　次にその患者から、いかに3人称芸術体験を回避させながら「美術を愛好する心情を」リハビリテーションする2人称芸術体験の場を築きえるかということに心を砕くことが重要です。

　日々子どもたちは、「私」と世界とを接続する中間領域を培いながら成長へと繋げます。生涯に亘っての自らの健やかな精神発達を支えうる芸術体験と出逢い育む場として、学校美術教育の授業が子どもに果たしうる可能性は大きく、そこに携わる教育者の責務は重いのです。

　元々、アートセラピーは欧州において教育と医学、その二つの潮流をもって発展した経緯を持ちます。美術評論家であるハーバード・リードの「芸術は教育の基礎たるものである」という主張や、アートセラピーに於ける自発性といった概念は、欧州諸国における1940年代以降の美術教育の方向性へと多大なる影響を及ぼし続けました。

　オーストリアの医師であるコリスコは「教育とは、予防医学の役割を果たすものだ」と述べています。学びとケアが相克し合うかのような現在の社会状況や日本の学校美術教育を見つめると、学びとケアとを相乗させる新たなソーシャル・アートセラピーの社会実践プログラムの探求を、今後の課題として挙げたいと思います。

　知育・情育・体育の区分で言えば、これまでの学校美術教育は「知育」「情育」としてのみ展開されてきたと言えるでしょう。「体育」としての美術教育の視点が欠如していたのです。

　筆者は、こうした「保健体育としての美術教育」の実現化に向けた「アート教育のリハビリテーション」を地域社会より進めていきたいと考えます。この後の章で触れる、鳥取県における「美術館セラピー・プロジェクト」において、医療機能を加えた具体的なまちづくり実践プログラムを産官学民の協働の元で進めながら、そこで見出される知見を広く発信していくことを通し、新たな時代に向けた芸術教育のアップデートを進めていきたいと考えます。

第3章　アートシェアリングは、どのように機能効果を発揮するのか

1．社会包摂を推進させるアートシェアリングの実践事例

　人が新たな人間関係を築こうとする時、情報共有はともかく、感情の共有までもは難しいものです。

　アートの鑑賞や創造を共に行う体験は、驚きや喜びといった様々な感情の共感を促し、人の間に横たわる障壁を溶かしうる可能性を多くはらんでいます。そうしたアートシェアリングがもたらす機能性を活かし、例えるならば海と川、それぞれに生息する異なる領域の水中生物群が、海水と真水とが混交する河口付近にて互いに交わりながら豊かに共生しうる汽水域のような隔たりのない人間環境を、私たちが暮すこの地域社会に築けないものでしょうか。

　そうしたまちづくりにアプローチするソーシャルアートの実践事例として、アートシェアリングがもたらす共感力を地域創生に活かそうとするアート共同鑑賞ワークショップ「ギャラリーコンパ」を紹介します。

　学びや創造、問題解決やトレーニングの手法として隆盛するワークショップですが、特にアートプログラムにおいて日本では美術館の教育普及活動の一環として90年代頃より盛んとなった経緯があります。

　アートワークショップは、表現者や鑑賞者といった従来の枠組みを超えた参加者全員による共同作業を示しますが、それは実際にはどのような構造を用いているのでしょうか。そしてその中でも表現活動ではなく鑑賞をテーマとするアートワークショップとは、どのような体験を提供する機会として構造化されたものなのでしょうか。

　様々な互いの差異が相克しあうかのような社会的現状を、個々人が見つめ直し学びほぐしていくことの必要性が今求められていますが、共に芸術鑑賞を行うアートワークショップ活動とは、その双方を橋渡しできる感性交歓の可能性を湛えた存在であることが考えられます。

　また現在、先進国の文化芸術政策や公共劇場・ホールの理念において

社会包摂（Social inclusion）は重要な概念となっています。社会包摂の概念を一言で表せば、文化芸術に備わる特性を活かして、社会的に孤立したり困難を抱えている人々に対して広く社会参加の機会を開いて、社会的課題の解決や緩和へと取り組む継続的活動のことです。

社会排除（Social exclusion）を余儀なくされている人々——「貧困」「疾病」「障害」「教育の欠如」「麻薬常習を含めた犯罪」「家庭崩壊」などの状況下にある人々は社会的に孤立し、文化芸術の享受はもちろん、社会参加の機会が失われがちです。

そうであるのだとすれば、アートシェアリングを活かした多様な地域創生活動を窓口に、そうした人々のコミュニティへの参加を促進していきたいと筆者は提案したいと考えます。

このような社会包摂の考え方が生まれたのは、1960年代半ば、福祉国家の危機が議論されていたフランスでした。その後、英国、EUへと広がり、現在、先進国の文化芸術政策や公共劇場・ホールの運営において社会包摂は重要な概念となっています。日本社会をみても、経済格差の拡大による貧困家庭の増加や、高齢者や障がい者の孤立などが社会問題化しています。

そうした中、私たちは、社会的に疎外される人々に目を向け、「排除しない」「孤立させない」という強い意志をもって、そうした取り組みをより積極的に展開していかなければならないと考えます。

そうした社会状況の中で、公共機関である美術館や博物館にとって、障がい者へ向けたアクセシビリティの意識改革へと「ギャラリーコンパ」の存在は繋がっていきます。そこで展開される参加者間の芸術体験構造をアートシェアリングの観点より示したいと思います。

事例として、視覚障がい者と晴眼者が共に'視覚芸術'の作品鑑賞を行うアートワークショップ「ギャラリーコンパ」をあげ、ウェルビーイングなまちづくりへとアートシェアリングが担いうる可能性を示します。

2．アート共同鑑賞ワークショップ「ギャラリーコンパ」

　本章では、筆者らが行うアート共同鑑賞ワークショップのタイトルであり、それを主催する活動グループ名でもある「ギャラリーコンパ」における、ウェルビーイングなまちづくりに向けたアートシェアリングへの実践アプローチに焦点を当てます。

　2005年より18年に亘りこの活動を継続している筆者らの意図を示しながら、芸術療法の理論を用いて社会包摂としての機能性を示します。

写真１．視覚障がい者と晴眼者の対話を通したアート共同鑑賞
ワークショップ「ギャラリーコンパ」開催風景

　視覚障がい者と晴眼者が共に美術館やギャラリーへと赴き、絵画や彫刻などの視覚芸術と呼ばれる美術作品を、主に対話で、時に直に触って味わう、視覚を超えたアート共同鑑賞ワークショップは、現在は双方とも解散している関東の「ミュージアム・アクセス・グループMAR」が2000年、京都の「ミュージアム・アクセス・ビュー」が2002年より活動を始める中で、「ギャラリーコンパ」は2005年に福岡にて、本書の筆者である石田陽介、松尾さち、全盲である濱田庄司によって始動しました。

　北部九州を中心に年３、４回開催を続け、延べ数百人以上の視覚障がい者を美術館・博物館、ギャラリーへと誘い、そのアクセシビリティを支援してきました。

この芸術運動に「ギャラリーコンパ」というネーミングをつけたのは筆者です。「コンパ」は、ラテン語でカンパーニュ、カンパニー、コンパニオンと同じ語源で、「パンを分かち合う＝命の糧をシェアする」意味が含まれることに由来します。

　美術館やギャラリーにおいて、目の見える・見えないといった互いの個性を活かしあって、一期一会の鑑賞者同士が和気藹々とした鑑賞の場を一座建立する。そんな祝祭性を帯びるアートシーンを通して社会包摂へと接続したい、そうした運動の目標を名前に託しました。

［活動概要］
・主催者（企画運営およびファシリテーター）：
　石田陽介（筆者）、松尾さち、濱田庄司（視覚障がい者・全盲）

・ワークショップ活動実施回数：
　年３、４回開催。延べ60回以上の開催総数。

・企画運営において配慮する点：
　「ギャラリーコンパ」経験者や、芸術鑑賞に比較的慣れた人をグループ分けの折にバランスよく配置する。
　家族やガイドなど語らなくても伝わりやすい同伴者は、基本的にできる限り別のグループに配置するようにする。

・アート共同鑑賞ワークショップ「ギャラリーコンパ」の流れ：
　①参加者全体での自己紹介を行い、ファシリテーターによってワークショップ手順の説明を行う。
　②主催者側がグループ分けを行う。（視覚障がい者１名につき、晴眼者は２〜６名といった割合で配置する）
　③視覚障がい者の希望を取り入れつつ、グループ別に鑑賞する作品を晴眼者の参加者がリードするかたちで選ぶ。

④晴眼者が作品の説明を行いながら、自分の感じた印象を語ることから始める。視覚障がい者は質問者であり、共同鑑賞するグループの対話における起点を担うファシリテーター役となる。

⑤展示作品の作家や学芸員がその場にいる場合には、ある程度鑑賞が進むなかで出てきた疑問に答えたり、鑑賞途中やその最後に補足する形で入る場合もある。

⑥晴眼者は、想像力を駆使して鑑賞を行う視覚障がい者のペースに心を配り、視覚障がい者の疲労具合に配慮しながら、各グループごとに休憩をとる。

⑦最後に展示会場を出たのち、同じ館内の会議室や、もしくは自由に談話できるカフェや居酒屋等に移動し、参加者より共同鑑賞ワークショップ全体の感想を、晴眼者は文章で記し、視覚障がい者は口頭筆記を行った後に、それぞれ口頭で述べてもらい、参加者・関係者全員でそれをシェアリングする。体験してみて気づき得たことを率直に言語化し、自身の芸術体験を気楽な形で皆で一緒に語り合い共有する。

３．「ギャラリーコンパ」におけるアートシェアリングの実際

　アートシェアリングの実際を味わっていただくために、ギャラリー展示会場の作品群において、写真２の作品を選択し共同鑑賞を行う晴眼者A氏と視覚障がい者B氏の二人の間で展開された対話場面を抽出しました。その鑑賞場面を示します（写真３）。

事例：「ワークショップDIY実技編　ギャラリーコンパ」
・開催日時：2011年8月7日　13時30分—14時30分
・開催会場：ブックスキューブリック箱崎ギャラリー
・鑑賞する美術展：「石田陽介インスタレーション展　ロールシャッ

写真2．鑑賞作品
六枚一組の連作「ロールシャッハ・ジャパン
3.11」、その内の一点

[作者：石田陽介（筆者）、素材：アルボリック
　板に写真を転写、サイズ：180×98cm]

写真3．共同鑑賞する晴眼者A氏（手前の女性）と
　　　　視覚障がい者B氏（奥の男性）

ハ・ジャパン3.11」（筆者の個展）
・参加者：18人（うち視覚障がい者は7名）
・ファシリテーター：石田陽介・松尾さち・濱田庄司（視覚障がい者・
　全盲）

　初対面であるA氏とB氏は、先ほど自己紹介を行ったばかりでした。晴
眼者A氏のエスコートによって視覚障がい者B氏は、ギャラリー会場を進
み、展示されたどの作品の鑑賞から始めていくかを二人は話し合ってい
きました。

●A氏とB氏の対話（アートシェアリングのエピソード記述）

1）A氏：どんな作品からいきましょうか。この壁にかかった縦長の作
　　　　　品からにしましょうね。
2）B氏：面白そうなやつから、お願いします。
3）A氏：これは、風景写真が銀盤に転写された、まあインスタレーショ
　　　　　ン作品です。
4）B氏：ふうん、これ、大きいですか。
5）A氏：はい、Aさんの背と同じ位の大きさの板に写真が上下逆さま
　　　　　にして写っています。
6）B氏：そりゃ大きい。えっと、上下逆さまの写真が写っているんで
　　　　　すか。
7）A氏：他の作品は白黒もあるけどこれはカラー写真で、あっカラーっ
　　　　　て解んないですよね。
8）B氏：分かります、大丈夫です。上下逆さまの写真って、どんな感
　　　　　じなんですかね。
9）A氏：川沿いの土色が奥に向かって広がる写真です。手前に草が生
　　　　　えてます。
10）B氏：人は写っていないのですか。

11）A氏：人はまったくいないです。風景写真。まあ、寂しいといえば、寂しい感じかなあ。

12）B氏：ふうん、寂しい感じですか。でもあんまり寂しいっていうイメージは湧いてこないですね。

13）A氏：その風景が真ん中で、ちょうど逆さ富士のように反対に映り込んでいる感じ。

14）B氏：えっ、逆さ富士。というと、上と下が、そのまんま逆さになって写っているんですね。

15）A氏：そうそう。あとそうか、タイトルが「3.11」だから、津波によって水がここまできて、川土手の風景が「逆さ富士」のように水面に写っているということなのかな。

16）B氏：東北とかじゃなくて、この箱崎のまちの風景写真ですよね。

17）A氏：そうみたいです、うんうん、そうです。写真は加工して逆さに貼ってるんですよ。

18）B氏：うわーそうなんだ。おっそろしい感じといえば、恐ろしい。そんな感じしますか。

19）A氏：うん、やっぱり恐ろしい風景なのかも。

20）B氏：なんか、僕にはちょっと恐ろしい風景が迫って見えてきました。

21）A氏：うん、うん、私もそうです。

　本項では、「ワークショップDIY実技編　ギャラリーコンパ」において、晴眼者A氏と視覚障がい者B氏によって繰り広げられた‘視覚芸術’作品の共同鑑賞における双方のアートシェアリングにおいて、何がそこで展開されようとしているのか、その構造を示します。

　視覚障がい者と晴眼者が共に‘視覚芸術’の鑑賞体験を行うというしくみを持つ「ギャラリーコンパ」は、双方の身体的特性を活かしあい、対話をもってイメージを交換するプロセスを持つことを特質としています。

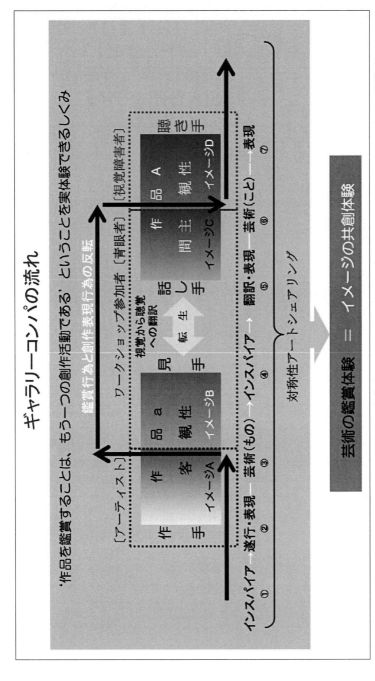

図5. アート共同鑑賞ワークショップ「ギャラリーコンパ」におけるアートシェアリングの展開構造

「図5」に、アーティストが作品を創り、晴眼者を通して視覚障がい者のワークショップ参加者が鑑賞するまでの流れを俯瞰し、そのメカニズムを表してみました。

　「ギャラリーコンパ」のプロセスは、まずアーティストが作品制作のモチーフからインスパイアされ生み落とした芸術作品を起点に、晴眼者が鑑賞した後に視覚障がい者へと言葉を通して伝え、一緒にその作品イメージを味わう流れとなります。

　晴眼者は視覚障がい者への「話し手」としての役割を果たすため、「見手」である私自身' から視覚イメージを言語へと翻訳する創作表現体験を行い、逆に視覚障がい者は言語から作品イメージを脳裏に描き表していくのです。

　事例に挙げたエピソード記述に沿って、それを分析します。「対話1～2」では、まず晴眼者であるA氏が会場を見渡し、B氏と共に鑑賞を行いたい作品を選び、その作品の前にB氏を誘導しています。A氏は作品の印象や雰囲気、大きさや構成など、目で見て感じたことを言葉に置き換え、視覚障がい者のB氏へ伝えました。その言葉を聴いて、B氏も質問を投げかけます。

　「対話3～5」では、客観的な事物としての芸術作品「イメージB」における大きさや彩色の有無等についての基本情報をA氏はまずはB氏へと伝え、鑑賞対象の了解を得ています。

　「対話6～8」において、A氏がB氏の共同したイメージ創りを確認しつつ「図5　③→⑥」へと進めようとしています。

　「対話9～11」では、B氏の問い掛けによってA氏は客観的な言葉で作品の写生を行い、「図5　⑤→③」を行きつ戻りつしています。

　「対話12～17」では、B氏とともにA氏は鑑賞を深めながら、共同創造における間主観的な産物としての「作品A」を築く過程がうかがえます。

　「対話18～21」では、「図5　⑤→⑦」の変遷に沿って、A氏による「イメージC」が伝えられB氏による「イメージD」が現れました。

　晴眼者であるA氏は、「対話17」のように作品のイメージをB氏に伝え

ようと言葉を探り、その言葉から視覚障がい者のB氏は作品のイメージを「対話18」では膨らませ、より詳細で深い質問を投げかけています。

　今度はB氏の発する言葉によって、「対話19」のようにA氏の方が作品のイメージを深めていきました。

　視覚障がい者B氏は、そうした双方の共通したイメージを積み重ねすりあわせるという鑑賞の行為は、言葉とイメージのキャッチボールを積み重ねて行くことで脳裏へと浮かべる共通した作品イメージの共同創造における表現活動として構造機能の反転を見せ、双方の‘イメージにおける作品ヴィジョンの共同創造体験’へと辿り着くのです。

　鑑賞作品の選定の折には、晴眼者A氏のエスコートによって始まりましたが、対話による共同鑑賞が始まるとむしろ視覚障がい者B氏からのリードをもって、展開をみせていきました。

　A氏とB氏のやりとりの隣で、本作品制作アーティストである筆者は様子を観察しましたが、二人が対話を重ねながら作品イメージを模索するプロセスを通して、作品テーマを超えて、A氏とB氏の間で二人だけのもうひとつの新作が生まれたような印象を持ちえました。

　「ギャラリーコンパ」体験者である他の感想からは、晴眼者は自らの脳裏の中で「‘見手’の私」から「‘話し手’の私」へと作品イメージを繋ぎながら芸術作品を言語化するジャーナリズムの難しさと、あたかも言葉によって「写生」をする行為（記述）をもって、「聴き手」と芸術作品のイメージを共創するアートコラボレーションの面白さがうかがわれました。

　こうした「ギャラリーコンパ」の事例分析から、共同鑑賞体験は、イメージ表現を伴う共同創造体験であることが判明していきます。

　視覚障がい者と晴眼者が共に‘視覚芸術’を鑑賞するアートワークショップ「ギャラリーコンパ」は、「作品の共同鑑賞」を展開させつつ反転させ、「イメージ表現の共同創造」を起立させうるという両義的な芸術体験構造を備えているということを、その参加者に意識させぬまま実体験させていくのです。

4．「ギャラリーコンパ」における芸術体験構造

　「石田陽介インスタレーション展　ロールシャッハ・ジャパン3.11」で開催した「ギャラリーコンパ」は視覚障がい者と晴眼者が三人一組のグループ、または二人組のペアになり、各グループにおいて対話を通して行った ‘視覚芸術’（インスタレーション作品）の共同鑑賞でしたが、それぞれ個別の芸術体験が同時多発的に起立しながら、会場全体での一座建立の展開へと芸術鑑賞体験の相互浸透が起こったことが伺われます。

　アートシェアリングにおいては、誰と芸術体験を共にするのかという人間関係性が、そこに起立し、場の質と機能を大きく左右していきます。

　「ギャラリーコンパ」での典型的な出来事を、「図6」の共同鑑賞のシーンに示しながら、晴眼者と視覚障がい者のアートシェアリングの展開推移の考察を行ってみましょう。

　「ギャラリーコンパ」は双方の身体的特性を活かしあい、対話をもってイメージ交換の場を共同創造するプロセスを持つことを特質としています。晴眼者が作品を見た後に、視覚的に作品を見ることができないという特性を持つ視覚障がい者へと、視覚的に作品を見ることができる晴眼者が言葉を通して「写生」をもって伝える必要性が、鑑賞という行為に織り込まれているのです。

　俳人であり国語学研究家の正岡子規が主張した句作における「写生」とは、花鳥風月といった対象（客）と表現者（主）の心の働きとが、相互浸透を起こし主客合一の状態にある状態を実現すること、と後の世代の俳人である高浜虚子等によって理解されるようになりました。

　「客観写生」とは俳句における写生論（文学理論）のひとつであり、高浜が正岡の写生論を発展させた造語ですが、高浜の書簡においてその理論は次のように明らかにされています。

　「私は客観の景色でも主観の感情でも、単純なる叙写の内部に広ごつてゐるものでなければならぬと思ふのである。即ち句の表面は簡単な叙景叙事であるが、味へば味ふ程内部に複雑な光景なり感情なりが寓され

てゐるといふやうな句がいゝと思ふのである。」(「ホトトギス」1924年3月号)

「ギャラリーコンパ」では、晴眼者が客観的事物としての作品a（図6）を「写生」していこうとする過程で視覚障がい者との対話を重ねていくことを通して、双方の間に、前句に後句を付け合いし続ける形式の文芸形式である「連句」的な共創の場が起立するのです。

その共創の場において双方の共有地としての間主観性へと生み落とされるイメージは、相手に汲み上げられながら共有化されるプロセスをもって、双方がイメージ創作における「一枚の絵画」制作を挟んで対称的に対峙するのです。

「ギャラリーコンパ」では、視覚障がい者である「聴き手としてのあなた」に向かって晴眼者である「話し手としての私」が、言葉を通して視覚作品を伝えるしくみを構造化しています。「聴き手としてのあなた」は、言葉を通して作品イメージを想像し、その絵を描き上げる過程で、イメージ表現のための想像を補完する質問を、客観性に根ざした「写生」を通して「話し手としての私」へと投げかけながら、自らの脳裏に「一枚の絵」を描いていき、晴眼者は眼前にある芸術作品と見比べるため、相手の「一枚の絵」を察しようとしながら、自らの「一枚の絵」を意識下に創造します。そうした感性コミュニケーションを通して、双方は相手側の脳裏に描かれる「一枚の絵」を自らに取り込み、言葉で自らのイメージを取り出すという共同創造を行います。

客観性を求める言葉のイメージによってこそ、双方の間主観性において共同創造される「一枚の絵」に互いが向かい合うのです。互いの脳裏に描かれていく「一枚の絵」を共同注視する過程において、双方のイマジネーションの相互浸透が起こります。感性コミュニケーションによって双方のイメージ表現が重なった時、「一枚の絵」が双方の間に立ち現れていきます。

「図6」では、普段は視覚作品を鑑賞する際に言語化する必要のない晴眼者が、作品aを矢印①に示されているように深く観察しながら、矢印

③のように言葉での「写生」を通して視覚障がい者に伝えようとしています。

　晴眼者は視覚障がい者への「話し手」としての役割を果たすため、矢印②のように'「見手」である私自身'から視覚イメージを言語へと翻訳する創作表現体験を行い、逆に視覚障がい者は黒い円のように言語から作品イメージを脳裏に描き表していきます。

　矢印②のように晴眼者は自らの脳裏の中で「'見手'の私」から「'話し手'の私」へと作品イメージを損なわないように繋ぎながら'視覚芸術'の作品を言語化します。

　鑑賞体験とは作品を鑑賞する者にとって、白いフキダシ線である「写生」した言葉の描写と黒い円の線である言葉から喚起されるイメージが互いに重なります。そうした体験過程は、双方の意識の間に、第三の現

図6.「ギャラリーコンパ」における視覚障がい者と晴眼者の
　　　アートシェアリングの展開図

実としての「イメージ作品A」を表していくのです。

「イメージ作品A」は、共同創作活動として感性コミュニケーションによって双方共に喚起された間主観性の産物です。共同鑑賞ワークショップである「ギャラリーコンパ」は、その参加者に共同創造行為を両義的に兼ねることを実感させ可視化させる構造を備えます。

「見える・見えない」という互いの身体的な特性の違いを活かしあって‘視覚芸術’を共同鑑賞する体験行為とは、第三の現実としてのイメージ創作活動に他ならず、その両義的な体験を参加者双方へともたらすことが明らかです。

「ギャラリーコンパ」において、視覚障がい者と晴眼者の双方が共にひとつの芸術作品のイメージを分ちあうとき、芸術作品は客観的事物としての関係領域を離れていきます（図7）。

「見手」側・「聴き手」側における各々の客観性を超える2人称芸術体験のかたちで、それを貫きながら「話し手」と「聴き手」の間に間主観的関係領域として構築され、対話を通して新たなる「一枚の絵画」が双方のまぶたの中に映し出されるのです。

そうしたイメージ表現の共同創造過程において、各々の感性で思い描くイメージ表現を互いに相互浸透させていくのです。

「ギャラリーコンパ」では‘視覚芸術’作品という「もの」を触媒とし、晴眼者が視覚障がい者へと言葉を尽くして伝えることにより、芸術表現とは鑑賞する側の感性が生み落すもので、「もの」ではなくそれを受けとめる側の「人」が創造の主体であるということを体感させる機能性を持ちます。

そうした芸術の学びほぐし体験は、アーティストとオーディエンス双方の「アート（自体）のリハビリテーション」へと発達し、芸術教育の新たな革新の可能性を持ち得ると筆者は考えます。

ワークショップを通して学びのオルタナティブを模索する教育学者の上田信行は「プレイフル・ラーニング」という言葉を掲げ、学びは一人で向き合うもの「learning1.0」から、他者との関わりで育まれるもの

「learning2.0」へと進化し、さらに特定の対象に向けた情熱によって深められる学び「learning3.0」、最終的に多様な人たちと相互交渉する学び「learning4.0」の段階へと進化すると述べています。

図7．「ギャラリーコンパ」への参加体験を描いた、
漫画家のえみ氏のエッセイ漫画作品

その上田理論に照らし合わせると「ギャラリーコンパ」は、他者との関わりで育まれるものとして「learning2.0」、さらには、相手になんとか伝えようと懸命に語り表す「learning3.0」、多様な人とアートシェアリングする「learning4.0」に位置していきます。視覚障がい者と晴眼者が共同鑑賞する「ギャラリーコンパ」では、双方向的なアートエデュケーションを、アートシェアリングを通し「learning4.0」において実現させていくのです。

第4章　芸術養生は、まちにウェルビーイングをもたらしうるのか

1．ウェルビーイングなまちづくりに活かすアートの機能性

　今日におけるウェルビーイングやSDGsという標語の世界的隆盛にしても、翻せば荒廃する自然環境や社会情勢に対し人々の意識改革を促さざるを得ないという、人類に通底する危機感の表れとも捉えられます。

　折しも2014年、バゾルゲッティ英国芸術評議会チェアマンによるガーディアン紙への寄稿文『国民の健康を高めるために芸術を使用して』には「社会的処方」の概念が示され、保健医療機関と協働して文化芸術が生み出す社会包摂機能を活用する案が提唱されていきました。このことは、新自由主義が世界を席巻したことで格差社会が拡がり、結果として経済の冷え込みを招く中で、医療費抑制に向けた政策を文化政策で賄うことの合理性が公に唱われた画期的瞬間となったのです。

　ウェルビーイングという概念は、一見して捉えにくさもありますが、世論調査企業のギャラップ社は、世界150カ国における調査結果をもとに、ウェルビーイングを五つの要素へと分類し、それらの概念を明確に定義しています。

　その五つの要素とは、次に述べるカテゴリーとなります。

　一つ目は「Community Wellbeing／地域社会でのウェルビーイング」ですが、これは地域コミュニティにコミットすることで得られる充実感と安心感を指しています。

　二つ目は「Social Wellbeing／人間関係のウェルビーイング」であり、これは信頼や愛情でつながっている人間関係を豊かに構築すると充実度が増す状態を指しています。

　三つ目は「Physical Wellbeing／心身的なウェルビーイング」であり、これは自分がやりたいと感じたことを不自由なくこなせるような、心身の健康状態を指しています。

　四つ目は「Career Wellbeing／キャリアのウェルビーイング」であり、

これは個人が稼ぐための労働だけに限らず、一日の大半を費やしていることに自律的に取り組み、そこでやりがいを得る、充実した仕事の状態を指しています。

　五つ目は「Financial Wellbeing／経済的なウェルビーイング」であり、これは資産や収入が不足しない安心した営みができ、経済的安定が得られる状態を指しています。

　「図8」の様に、これら五つの要素に「ギャラリーコンパ」の機能性を照らし合わせると、ウェルビーイングな地域創生に向けて、ギャラリーコンパが各局面へとアプローチしていることが示されます。

　美術館や博物館、大学が主催する「視覚を超えた共同鑑賞ワークショップ」の開催が九州で急増しています。筆者らもギャラリーコンパのファシリテーターとして招かれる機会が増え、視覚障がい者に対するアクセシビリティの向上を実感しています。

　このように社会包摂運動が、地域に広まり定着しつつある現状は、障がい者と健常者の位相を揺らす社会変革（ソーシャル・イノベーション）が浸透し始めた証とも捉えられます。ウェルビーイングな社会変革へと接続していきたいと願います。

2．芸術養生からソーシャル・アートセラピーへの循環

　宗教学者の中沢新一は「目に見えないものを見えるようにするのが芸術と宗教の本質」と述べています。そうした芸術の本質に、制作ではなく鑑賞をもって迫るのが「ギャラリーコンパ」なのです。

　一方で、「祈る」「魂を鎮める」といった人類が古より普遍的に抱く心情、言わば「宗教性」は、キリスト教など既存の教団を指す「宗教」とは意味を違えます。「宗教」ではなく「宗教性」を基層に織成すケア体験をウェルビーイングへと昇華する「個人（自我）を超えた鑑賞体験」を、

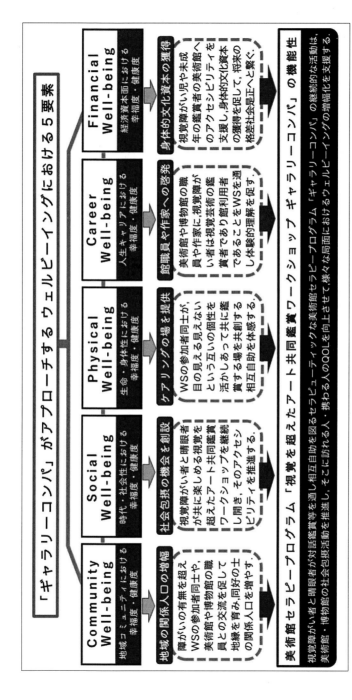

図8. ウェルビーイングを構成する五要素からみる「ギャラリーコンパ」の機能性

視覚障がいがある人と晴眼者が対話鑑賞等を通し相互自助を図るセラピューティックな美術館セラピープログラム「ギャラリーコンパ」の継続的な活動は、美術館・博物館の社会包摂活動を推進し、そこに訪れる人・携わる人のQOLを向上させて、様々な局面におけるウェルビーイングの増幅化を支援する。

筆者らは美術館やギャラリーにおいて参加者と共に築こうとしてきました。

　病的な社会状況の処方としてのアートシェアリングは、ウェルビーイングに多様なアプローチを成しえます。その可能性を拓く術を、筆者は本活動や、様々なコミュニティアートの実践を通して考え続けています。

　'芸術体験' とは、対称性アートシェアリングの原理が息づく近代教育学を迎える以前の芸術や民俗芸能と呼ばれる領域世界、鶴見俊輔の語る限界芸術のことであり、近代以降において美術教育実践を通した３人称芸術体験の席巻は、それらの本来内包する原理の束を '芸術体験' の中から解き、一部の芸術愛好家を除いた多くの人々の暮らしの中で 'アート・アズ・セラピー' の力を自壊させていきました。

　アートシェアリングは、'私' と 'あなた' との共創体験を通して、双方の内部生命の相互浸透を起こしていく営みです。自己と他者とを分け隔てる様々な障害を溶かし、双方に拓かれた共有地である汽水域をつくりえる存在として対称性のアートシェアリングを捉えながら、ケアに根ざしたセラピューティックな地域文化創造への可能性を２人称芸術体験は湛えているのです。

　翻せば、２人称芸術体験を礎としたコミュニティアートプログラムを通して、'芸術体験' が人にもたらしうる力を恢復するための「アートのリハビリテーション」を、既存の芸術学を一人一人が自身の手によって暮らしの中で治療する場づくりが、今後の地域における基層文化の再生に向けたまちづくりにおいては重要な鍵となると考えられます。

　そうした地域創造に向けての、まちへの 'アート・アズ・セラピー' の処方を、筆者は「ソーシャル・アートセラピー」と名付け、ウェルビーイングな社会への変革を推進させるソーシャルアート活動及びコミュニティアート活動を継続したアクションリサーチとして取り組んできました。

　セルフケアとセルフ・エデュケーションは、コミュニティアートにおいて等しく繋がるのです。

文化的営為と医療行為をスパイラルに循環させるアートシェアリングの年輪の中心には、表現者の主体的体験としての芸術体験があります。

　人間のLife（暮らし・人生・生命）におけるCulturalとClinicalを一対のものとして相互浸透を引き起こす機能効果を芸術体験は内包しています（図9）。

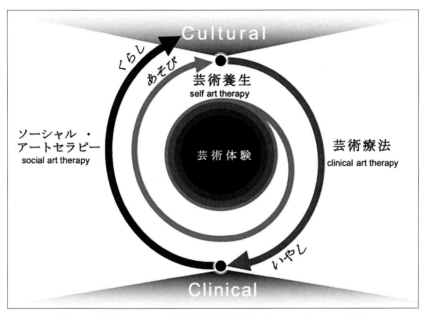

図9．生活における文化的営為と医療をスパイラルに相互
浸透させる芸術体験の汽水域的構造（石田、2013）

3．ピア・セルフアートセラピー・スタディーズ

　現在、VUCA（変動性・不確実性・複雑性・曖昧性）の加速により、各国企業が真に取り組むべき事業変革は、最終ビジョンを設定しにくくなっている状況を迎えています。そうした中で、いわば地図が描けない状況下にあって、自身の内なる羅針盤で確かな航海ができる人材の育成

を掲げる企業が増えました。そうした人材育成において「アート思考」の教育が広く活用されはじめていきました。

　アート思考とは、ゼロからイチを創出する芸術家の創造性を取り入れ、固定観念を打破し自分の思考や感情から新たな課題を見つけていく思考法です。人材の育成を推進するためには、主観的な価値観や感性、美術館でのアート鑑賞体験を通した美意識の向上などに基づく「アート思考」を身に付け、現状の延長線上ではない未来の姿を描いていく能力の重要性が叫ばれているのです。

　こうしたアート思考は、これからの地域創生を推進させるツールとしても、その可能性が注目されています。特に大学教育では、これからの次世代の人材の育成において、正解がなく個の価値を生かすアート思考はより重要性を帯びていくことでしょう。

　そうしたアート思考において生まれた「問い」を、「誰がその第一フォロアーとなるのか」が、大きな鍵を握るのですが、それはまさにアートシェアリングの思考が活かされる場となることが考えられます。

　芸術体験は、自身の心とからだの共振れ、そして‘私’と‘あなた’の相互浸透、その双方を結びあわせ自己産出を促させる市民の共有地を、アートシェアリングを通して、人やまちへと、ウェルビーイングをもたらしうる新たな地域創生の技法であるのです（図10）。

　近代以降、日本では義務教育における美術教育を通して、芸術体験は一部の芸術愛好家を除いた多くの人々の暮らしにおいて‘アート・アズ・セラピー’の力を自壊させていきました。翻せば、「保健体育」としての芸術教育を通し、人にもたらしうる力を芸術体験が恢復するための「アート自体のリハビリテーション」が、今後の地域におけるウェルビーイングなまちづくりにおいては重要な鍵となると筆者は考えます。

　本書タイトルに「Peer Self-Art therapy Studies（ピア・セルフアートセラピー・スタディーズ）」と添えましたが、芸術養生は、自身の心とからだの共振れ、そして‘私’と‘あなた’の相互浸透、その双方を結びあわせる共有地を、他者との協働のもとに自身へともたらしうるもので

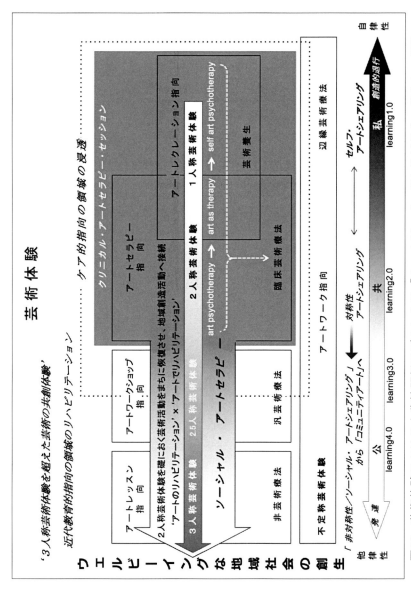

図10. 芸術体験における人称性関係モデルにみる「ウェルビーイングな地域社会の創生」の構造

あるのです。

「ピア・セルフアートセラピー」とはすなわち、'相互に支え合う利他の関係性（ピア）'を地域コミュニティにおいて築きあうことによって、相互自助としての'芸術養生（セルフアートセラピー）'は促進されていくという、人間環境の特性を表しています。

そしてその特性ゆえに、アートシェアリングを活用することによって、ウェルビーイングな地域社会の創生へとダイレクトにアプローチしていく道筋が拓かれていくと筆者は主張します。

ソーシャル・アートセラピー・プロジェクトは、そうしたセラピューティックなアートシェアリングのアプローチを、地域における産官学民の協働を図って継続的に展開する、芸術養生文化の浸透を通したソーシャル・イノベーション・プロジェクトであるのです。

おわりに

　古来より芸術は、様々な形で人と人との感性交歓を促す手法としてくにづくりやむらづくり等に用いられてきました。それは芸術体験が「個人の抱く深いイメージ」に立脚しながらも、同時に「他者との共感を強める」というアートシェアリングの特性を持つからでありましょう。

　そうした芸術体験の特性に根ざすソーシャル・アートセラピーの実践研究活動を、筆者は多くの方々に支えられながら二十年以上展開してきましたが、本書はそこで築いた臨床的知見と研究成果を著したものです。

　本書に記しました実践研究に、終始熱心なご指導を頂いた九州大学の南博文名誉教授に深く感謝の意を表します。

　また元・九州大学の目黒実特任教授より、筆者はその門弟として地域創生におけるソーシャルアート・プロジェクトの企画プロデュースの本質およびその手法を学ばせて頂きました。

　そして福岡大学商学部の田村馨教授より、大名塾や私的懇親会を通して、イノベーター育成事業における芸術教育の重要性や、アート思考の孕む可能性を、長年に亘って教えて頂きました。

　芸術文化観光専門職大学の古賀弥生教授には、まちづくりにおけるアートマネジメント人材教育に関する実践知を教えて頂き、私が教育者となる扉を開いてくださいましたことを深謝致します。

　NPO法人サニークラウズの中田早苗代表と戸田正監事には、ひとかたならぬご指導とご支援を頂き、感謝しております。

　そしてこれまで十八年間に亘ってギャラリーコンパという芸術運動を、市民活動として共に担ってきた松尾さちさんと濱田庄司さんには、ただ感謝の言葉しかございません。

　また、芸術療法士養成塾の創設により、筆者をアートセラピストとして導いて頂いた故・中川保孝塾長及び医療法人友朋会の中川龍治理事長、そしてその精神科臨床での実践にあたって多くの知識や示唆を頂いた、志村実生先生、齋藤考由先生、栗本美百合先生、高江洲義英先生に

はひとかたならぬお世話になり、治療者としての薫陶を受けてまいりました。心より感謝致します。

　最後に、未熟な私に一からアートセラピーの本質を教えてくださった患者さんお一人お一人へと、ここに深く感謝の意を表したいと思います。

　みなさま、本当にありがとうございました。

石田　陽介

引用書籍／参考文献

・中川保孝『実践芸術療法』牧野出版，1993.
・北山修編『共視論―母子像の心理学』講談社選書メチエ，2005.
・武満　徹『音、沈黙と測りあえるほどに』新潮社，1971.
・鶴見俊輔『限界芸術論』ちくま学芸文庫，1999.
・神田橋條治『精神科養生のコツ』岩崎学術出版社，1999.
・中野民夫『ワークショップ―新しい学びと創造の場―』岩波新書，2001.
・上田信行『プレイフル・ラーニング』三省堂，2013.
・世阿弥『風姿花伝・花鏡』タチバナ教養文庫，2012.
・エイドリアン・ヒル，式場隆三郎訳『絵画療法』美術出版社，1955.
・中村雄二郎『臨床の知とは何か』岩波新書，1992.
・ウィニコット，橋本雅雄訳『遊ぶことと現実』岩崎学術出版社，1979.
・ドロセア・オレム，小野寺杜紀訳『オレム看護論』医学書院，1995.
・伊集院清一『芸術療法1　理論編』岩崎学術出版会，1998.
・河合隼雄，河合俊雄編『〈心理療法〉コレクションⅣ　心理療法序説』岩波書店，2002.
・カール・G・ユング，松代洋一訳『創造する無意識』平凡社ライブラリー，1996.
・中井久夫『中井久夫著作集1巻　精神医学の経験　分裂病』岩崎学術出版社，1984.
・マーガレット・ナウムブルグ，中井久夫監訳，内藤あかね訳『力動指向的芸術療法』金剛出版，1995.
・ポール・ヴァレリー，恒川邦夫編訳『ヴァレリー集成』(全6巻)，筑摩書房，2011.
・吉本光宏監修『アート戦略都市―EU・日本のクリエイティブシティ』鹿島出版会，2006.
・サリヴァン，中井久夫訳「観察しながらの関与」『精神医学は対人関係論である』みすず書房，1990.
・中沢新一『芸術人類学』みすず書房，2006.
・ジョルジュ・バタイユ，澁澤龍彦訳『エロティシズム』二見書房，1973.
・レヴィ・ストロース，大橋保夫訳『野生の思考』みすず書房，1976.
・エマニュエル・レヴィナス，合田正人訳『全体性と無限―外部性についての試論』ポリロゴス叢書，1989.
・古賀弥生『芸術文化と地域づくり―アートで人とまちをしあわせに―』九州大学出版会，2020.
・白鳥建二，光島貴之，石田陽介，松尾さち，濱田庄司，広瀬浩二郎，播磨靖夫他「『視覚に障害のある人とのことばによる美術鑑賞専門家会議』報告書」，エイブル・アート・ジャパン，2008.
・宮沢賢治『農民芸術概論』八燿堂，2021.

著者紹介

石田 陽介 (いしだ ようすけ)

鳥取大学 地域価値創造研究教育機構 ／ 地域学部附属芸術文化センター 兼任 准教授
　　　地域創生教育推進室長
博士（感性学）
日本芸術療法学会 認定 芸術療法士
西日本芸術療法学会 理事
ギャラリーコンパ 主催スタッフ／ファシリテーター
アトリエHプロジェクト 代表
NPO法人サニークラウズ 理事

1967年、広島市生まれ。
幼年期を岡山県井原市美星町の祖父母の元で暮らす。
多摩美術大学 美術学部 絵画学科 油画専攻 卒業。
九州大学大学院 統合新領域学府 ユーザー感性学専攻 博士課程修了。
芸術系出版社勤務を経て、1999年に精神科総合病院におけるアートセラピスト（芸術療法士）として勤務し、併せて病院附属のアートセラピー美術館のキュレーションを担当する。
2006年、九州大学ユーザーサイエンス機構 子どもプロジェクト アドバイザー研究員に就任。
その後、九州大学大学院 人間環境学研究院 学術協力研究員、
福岡女子大学（地域連携・文化推進事業）事業コーディネーター、
活水女子大学 国際文化学部 准教授 などを経て、現職。

主なアーティスト活動、アートプロデュース活動として、
　1997年　展覧会「BUKUBUKU−IKEBUKURO」企画・アートプロデュース
　2008年　展覧会「ドラマティック！九州経済」企画・キュレーション
　2009～2021年　アートフェスティバル「箱崎アートターミナル」「箱崎アートターミナル、それから」主催・アーティスティック・ディレクター
　2010～2018年　舞台「トランスアート 汽水域h」演出
　2011年　自作インスタレーションアート作品の個展「ロールシャッハ・ジャパン 3.11」開催
　2014年　映画「箱崎幻聴」監督
　2015年　舞台 表現塾「15才への試み」第三幕「名残」演出
　2022年　「汽水域アートシェアリング2022」企画プロデューサー・出演
　2023年　WEBサイト「トットリハート」プロジェクトリーダー　等がある。

ライフワークとして、暮らしのなかに芸術養生が息づく地域社会のしくみづくり「ソーシャル・アートセラピー」の実践研究活動に取り組んでいる。

まちの臨床中核拠点として美術館に着目し、少子高齢化により人口減少が進む地域社会で、アートと医療を融合させた新たなアートセラピー・プログラムを美術館が提供することで、市民の多様なウェルビーイングへとアプローチする「美術館セラピー」を、1999年にアートセラピー美術館の運営に携わりながら構想し、その推進プロジェクトを鳥取で2022年に始動させた。

石田陽介　鳥取大学メールアドレス：is@tottori-u.ac.jp

'アートと医療の汽水域をまちにひらく' ことを推進するWEBサイト
「トットリハァート」：　https://tottori-he.art/

鳥取大学CoREブックレットシリーズNo.7
Peer Self–Art therapy Studies

芸 術 養 生
ウェルビーイングなまちづくりに活かすアートシェアリング

2023年3月31日　初版発行

著　者　石 田 陽 介

発　行　今井印刷株式会社
　　　　〒683-0103　鳥取県米子市富益町8
　　　　TEL 0859-28-5551　FAX 0859-48-2058
　　　　https://www.imaibp.co.jp

発　売　今井出版

印　刷　今井印刷株式会社